共生の哲学

誰ひとり取り残さない
ケアコミュニティをめざして

世界人権問題叢書 118

朴光駿、村岡潔
若尾典子、武内一
鈴木勉
編著

明石書店

目次

序文

本書は、副題に示すように、すべての人々のためのケアコミュニティをめざす目的で書かれています。ここで言う哲学とは、自分と相手の人生やお互いの生き方の本当のところを思い描くことです。人間の社会は、多様性に満ち、さまざまな背景、経験、およびニーズや利害を持つ人々が共存する場です。共生とは、そうした共存の場で、人々がともに支え合いながら一つの共同の社会、すなわちケアコミュニティを創りあげて暮らすことです。家庭は小さなケアコミュニティですが、職場や学校、病院や介護施設など人々の集まりもケアコミュニティです。さらに、それらを包括した市町村もサイズの大きいケアコミュニティと言えます。ケアコミュニティは、相互信頼と支え合いで成り立つものです。

地球上でも、本来、私たちは互いに結びつきを持ちながら、相互に発展してこられたはずです。しかしながら、実際の歴史では、社会の一部の人々は孤立し、疎外される現実が存在しています。これは、私たちの共生の精神を損ない、ケアコミュニティ全体の幸福と繁栄を妨げる元となっています。それらは気候変動などの自然現象や、農耕時代以降の貧富の格差、あるいは繰り返される戦争等々の人為的営みの影響を根強く受けてきました。

『共生の哲学』は、こうした社会の課題に目を向け、共生とケアの重要性について根本から深く考え直すための本です。本書は、大学生やケアの初心者ばかりでなく、ベテランの人々にもお読みいただける内容です。専門的な知識には極力頼らず、共生的なケアコミュニティを築くための基本的な考え方をわかりやすく説明し、読者が実践につなげることができるよう配慮しています。

さらに、本書では、冒頭、人種や人種差別の問題にも深く迫っています。多様な人々が共存する社会においては、「人種」や民族、文化の違いを尊重し、平等な権利を享受することが重要です。人種差別は、個人やグループを抑圧し、社会のつながりを分断し崩壊させる深刻な問題です。本書は、「人種」という見方が神話に過ぎないことを示し、ケアコミュニティの妨げとなる人種差別には根拠が全くないことを示します。

『共生の哲学』は、《包摂的なケアコミュニティ Inclusive caring community》を育むための書です。それは、すべての人々が個々の違いを尊重し受容され支援され、誰もが自分らしく生きることができ、それぞれの多様性が豊かさと共鳴を生むようなケアコミュニティです。ここには、「障害者」、高齢者、若者、貧困層、異文化の人々、性別や性的指向の多様性を持つＬＧＢＴＱ個人など、あらゆる立場の人々が含まれる「ごちゃまぜの福祉（佛子園の実践、本書95頁参照）」が重要です。

このように『共生の哲学』では、ノーマライゼーションの考えを基本的に取り入れています。ノーマライゼーションは、一言で言えば、社会の標準に基づく偏見を排除し、多様性を尊重する視点から、個々のニーズに応じた支援を行うことです。例えば、「障害」がある個人には、その個性や個別のニーズを生かしたバリアフリーの環境を構築することです。こうした取り組みによって「障害者」を含む全ての人々が自立し、コミュニティ生活を営むことが可能になるのです。また、ヤングケアラーなどが日常直面する困難をも理解し、ケアラーにもケアの必要性があると考えています。

ところで、ケアコミュニティの原初的な形態は、実は、1960年くらいまでの日本の市町村で垣間見られました。組内という単位で冠婚葬祭をはじめ、農作業などでも相互扶助が行われていました。互いにケアラーの役割を交代で演じていたのです。こうしたご恩返しに加えて、ご恩送りという慣習もあります。親の子育ては、その一つで、親も昔、子どもであったときに親に育てられた「恩」を我が子に送るというものです。または、自分の受けた「恩」を別の人に送るということも御恩送りであり、昔のケアコミュニティの重要なスタイルであったのです。

私たちは一杯のコーヒーを飲むにも、海外のコーヒー農家、運搬業者、小売業者、喫茶店の人、カップやコーヒーミルの製作者、等々、無数の人々の手を経ています。このように私たちは、実は、人々の恩によって充実した日常を営んでいるわけですが、現代人には、お金を払うこと（資本主義経済）でこうしたケアの網目のシステムが見えなくなっています。その結果、自分は「誰の世話にもならず、迷惑もかけずに自立して生きている」という錯覚に陥っています。独りで生きている人などいないのです。なぜなら「人間は社会的諸関係の総体（マルクス）」であり「私は今まで出会ったすべてのものの一部（テニスン）」だからです。この悟りが、本書で言う《包摂的なケアコミュニティ》への第一歩なのです。

＊

なお、本書は、朴光駿を首班とする佛教大学総合研究所のプロジェクト『東アジアにおけるケアと共生』（2017年～2019年度）メンバーの分担執筆者の他、中国社会科学院および中国大学の教員4名、韓国保険社会研究院および韓国大学教員5名、合計14名での共同研究（その報告書は中国・韓国・日本各々で公刊）の成果の一部です。
最後に、本書が明石書店の『世界人権問題叢書』として出版されることに明石書店と編集部に深謝致します。

執筆者を代表して

村岡　潔

序章　共生ならざるものから考える共生

朴　光駿

はじめに

共生という言葉の使われ方は極めて多義にわたっており、その学問的な論議もほぼ全学問分野で行われている。ゆえに共生という言葉のさまざまな用例を分類したり、共生の本質論に直進したりする探求方法では、共生概念を明確にすることが難しい。それよりは「共生に反するものは何か、共生と両立できない考え方は何か」という視点から、間接的に共生の本質にアプローチしていく探求方法の方がより有効であると判断される。本稿ではこのアプローチを採用し、明らかに反共生的と思われる事柄から共生を省察し、最終的には共生の概念を明確にしたい。

共生は単に人間が集団を成して生きることを意味するものではない。自分と異なる他者と共に生きることが共生の本意である。同類の構成員のみによってまとまった社会が創造的原動力を得ることは難しい。というのも、一般に社会発展の動力は異質性との融合によって生まれるからである。人間は鏡を見るだけで新しいものを創り出すことはできない、と言われてきたのではないか。多様性に欠けた社会の結束は、その外側の人々への排他的態度につながりやすい。ファシズムの語源、イタリア語のファッショ（fascio）は「束」の意味であったが、戦前の戦争国家では専ら国民団結の意味に転用された。多様性を「一丸に束ねることへの障害物」と決めつけてしまう社会が、いかに多くの人間を苦難に陥れたのかは第二次世界大戦の経験がわれわれに思い知らせている。

多様性が尊重される社会には一定数の「相互的人間」（ホモ・リシプロカンス。Homo Reciprocans）という人間像が必要である。互恵的利他主義の性向が強い集団であるほど生存と繁盛により有利であることは、かつてダーウィンが人間の進化過程から突き止めた事実である。

1．共生ならざるもの

人種という神話

１９５０年ユネスコ（UNESCO, Statement by Expert on Race Problems）は「すべての人間がホモ・サピエンスという同一の種（species）に属し、人種（race）は生物学的実在ではない」という声明を発表し、人種という非科学的言葉の代わりに「エスニック・グループ」（ethnic groups）という用語を勧告した。人種という概念は神話（myth）に過ぎないこと、つまりそれを信じる人々に限って真実のように受け止められるものであることを明確に示したのである。

生物学的にみると、人種はホモ・サピエンスという単一の人口集団であり、その下に生物学的に区分される下位範疇は存在しない、従って、例えば白人種や黒人種といった用語そのものが科学的に間違っていることになる。ホモ・サピエンスの間に存在する集団的違いは、地理的および文化的孤立によって遺伝的要素や身体的特徴が時間の経過とともに生成・変動・消滅してきた結果である。エスニック・グループ間の違いは、同一グループの中に存在する違い・多様性に比べれば決して著しくもない。例えば、日本人と中国人の違いは、日本人と中国人それぞれの中の多様性と比べればむしろシンプルである、と私は思う。

しかし、この宣言から70年もの年月が経った今日においても、人種という言葉はいうまでもなく、人種による差別や嫌悪が世界中に見られる。サッスマン（Sussman, 2014: 1-2）は人種主義の歴史書の中で、ある著名人ジャーナリストの経験談を次のように紹介している。「１９８０年代のある日、大学の人類学講座で〝生物学的人種は実在ではない〟ことを生まれて初めて聞いた。さらにその完璧で合理的な根拠を示された後は、裏切りの感情を覚えた。小学校ではなぜそれを教えてくれなかったのか。ほとんどの人類学者が生物学的人種の概念を認めないという重大な事実を、大学入学前の12年間の学校で一度も聞いたことがない、それはあってはならないことではないか」。

人類の本質的特徴は混血性にある。ホモ・サピエンスは約30年前にアフリカで生まれ（異説もある）、

1　UNESCOはホモ・サピエンスは大体モンゴル系（the mongoloid division）、黒人系（the negroid division）、白人系（the caucasoid division）という３つに区分することができるという。

長い時間をかけて移動と定着を繰り返しながら世界中に広がった。移動はすなわち混血の過程であった。人間の混合性はその異動の歴史に付帯された必然の結果であり、それゆえホモ・サピエンスはホモ・ハイブリドゥス（Homo Hybridus＝混血のヒト）であるといわれる。白・黄色・黒といった人間の肌色は連続線の概念で把握すべきであり、その明確な区分線が存在するわけではない。

人間を排除するということ

今日の差別問題が資本主義の発展と深く関わっていることは今更指摘するまでもない。といっても、古代の帝国主義や封建主義社会に人間差別がなかったわけではない。それはルソーが指摘したように、人類に虚栄心、軽蔑、恥辱、羨望など差別や不平等を前提とした情念が生まれたことにまでさかのぼって考えなければならないほど、根源的であるといえるかも知れない。

外部の社会・人間との接触は人間差別の契機になる。交易のような平和的接触は別であるが、武力による征服は差別の制度化とつながり、しかも宗教が差別に加担することもあった。紀元前15世紀頃から約1000年にわたってインド北部に移住し支配者になったアリアンは、自らを最上位の身分におき、先住民を奴隷階級にするカスト制度を作り上げた。それが2500年以上も存続し、今日までに陰を落としているのは、主流宗教（バラモン教、のちヒンズ教）がその差別構造を正当化してきたからである。

他者やマイノリティに対する社会の態度は、まず「拒否か拒否しないか」に大別できる。共生の最小限の条件は拒否しないことである。拒否の場合も、①地域・共同体の新メンバーとして受け入れるのを拒否する場合、②すでに社会の一員であった人を排除する場合、とに区分できる。

①の例としては、難民や移民の受け入れの拒否がある。アメリカの場合、1870年代からアジアからの移民を問題視し、1907年までには中国人と日本人の移民が制限された。1913年にアメリカの40州のうち29州が人種間の婚姻を禁止していたが、そのうち19州は白人と黒人の婚姻を禁止し、8州はそこに日本人及び中国人を婚姻禁止対象に加えていた（Sussman, 2014:69）。白人をさらに区分し、より劣等とされる白人を排除しようとした動きさえもあった。コーカサス人（白人）をノルディック人・アルプス人・地中海人と三区分し、東ヨーロッパの人々（アルプス人）やイタリア人など（地中海人）のアメリカへの移民を制限しようとしたのである。

②の例としては、15世紀から17世紀にかけてヨーロッパを中心に行われた魔女裁判という歴史的事実がある。その犠牲者は浮浪人などの異邦人ではなく、地元の住人であった。そこには、人種・宗教・階層・性別による差別が絡んでいたが、少なくとも数万人の民間信仰者、貧しい未亡人、精神障害者などが魔女（witch 男性も子供も含まれている）とされ殺された。今日においても、タンザニアなどアフリカの一部地域ではエイズ孤児あるいは赤い目の女性高齢者などが魔女とされ住人によって殺される事件が起きている。また、インドでは未亡人が魔女とされ殺される事件が多発している。[2]

1939年実行されたナチスドイツの「T4計画」（障害者安楽死計画）は、安楽死あるいは最終的医学的援助という言葉を冠していたが、自国民の障害者などを虐殺するものであり、犠牲者の数は約20万人（ギャラファー・長瀬訳、1996）にのぼる。

2　インド内務省によると、2000年以降インド全国で起きた魔女狩りの犠牲者数は2，257名にのぼるという（*The Indian Express*, 2019. 4. 1）。

福祉関連立法が共同体の成員を排除するきっかけになる事例もある。1600年を前後して成立したイギリスのエリザベス救貧法は、国家の貧困救済責任を認めた最初の法律であり、従来の抑圧主義に保護主義の性格を加えたものであった。しかし、抑圧主義への後戻りとなった1662年居住地制限法が成立すると、貧民の排除が露骨化した。同法は「貧民になる可能性の高い人」の教区への移住を拒否し、それ以前の居住教区に強制的に送り返すことができるようにした。実際に次のような事例が記録されている（朴、2004：65〜66）：「教区（A）の居住者が教区（B）へ移住しようとした。教区（B）は当人が将来貧民になる可能性があるという理由で移住を拒否し、教区（A）に送り返した。ところが、今度教区（A）は、彼がもともとの住人ではないと主張し、彼の受け入れを拒否、教区（A）以前に住んでいた教区（C）にまで送り返された。それまでに1年6か月もの年月がかかった」。

2．人種差別——近代ヨーロッパの発明品

不寛容はすなわち社会の衰退

古代ギリシャやローマでは周辺の民族を野蛮人あるいは奴隷民族とみなす風潮はあったが、一定の範囲内では彼らの同化を認めていた。ローマの初期の発展と長期間の存続は敵に対する寛容性によるといわれる。ローマの初期拡大過程をみると、ローマとの戦いに負けた民族にも市民権を与えて包含していく傾向が確認できる。またギリシャ人はマイノリティの改宗や同化過程を通して、野蛮人とされた人々

にも形式上はギリシャ人になることを許していた。

ヨーロッパにおいて、人間差別の大きな転機となったのは大航海時代（15世紀〜17世紀）であった。この時期に新しい次元の人間差別が生まれ、差別を正当化するための巧みな教説が現れたからである。それゆえ人種差別は植民主義の産物、近代ヨーロッパの発明品と呼ばれる。対外的にはスペインやポルトガルなどのアフリカ・アメリカ大陸への進出によって、多くの先住民が奴隷となった。そして対内的には、国内のマイノリティに対する異次元の差別が制度化された。

スペインの歴史的事例は寛容の社会がいかに発展するのかを示すと同時に、逆に不寛容が社会をいかに衰退させるのかを鮮明に示す。スペイン地域を長く支配していたイスラムがキリスト教に比べて宗教的に寛容であったこともあり、15世紀中半までのスペインは多様性に寛容であった。約50万といわれるユダヤ人と多くのイスラム教徒には科学技術人材も多く、それがスペインの繁栄とつながっていた。しかし、カトリック純血主義を標榜するや１４７８年には公式的に異端審問所（inquisition）が設置され、カトリック信者ではないという理由だけで多くの人々が殺されるようになる。

１４９２年はコロンブスによる新大陸の発見、スペイン領土からのイスラム支配勢力の完全な排除（政治的統一）、そしてユダヤ人の国外追放（アルハンブラ勅令）という極めて重要でかつ相互関連された3つの歴史的出来事が同時に起きた年であった。アルハンブラ勅令によってカトリックへ改宗しない十数万のユダヤ人は直ちに国外追放されたが、その後、改宗してスペインに留まったユダヤ人（コンベルソ converso）への迫害もエスカレートした。コンベルソを純粋なカトリック信者と「生物学的に異なる人間」と規定し、過去5世代までの先祖にユダヤ人がいた場合、当人をコンベルソと規定し、大学入学や公職就任などを制限した。逆に純粋血統のカトリック信者にはその証書が発給され優遇された。同様の差別はさらにプロテスタントやジプシーなどにまで及び、アジア人・アメリカ先住民もその対象となった。彼らにはカトリックへの改宗やスペイン社会への同化さえも許されなかった。

カトリック国家をめざすというのは、宗教の自由を認めないという意味でもあった。それによるイスラム教徒、ユダヤ人、プロテスタントの迫害・国外追放・脱出は、当事者たちの苦難は別にしても、人材流出による金融産業などの破産、ひいては16世紀末の財政破産の決定的要因となった。スペインとは逆に、15世紀末以降のヨーロッパにおいて多様性にもっとも寛大であったオランダには、宗教・思想の自由を求め、多くの優秀な人材が集まるようになり、オランダが強大な独立国になる契機となった。

偽りの科学を動員した人間差別

新大陸発見の直後からアメリカ先住民に対するスペイン人の酷い虐待や奴隷化に対しては、それを目撃した聖職者などによる問題提起もあり、ローマ教皇も立場の表明に迫られた。1537年ローマ教皇パウルス3世は、アメリカ先住民も人間であり、カトリック伝道の対象になるものであること、奴隷制度の禁止を内容とする勅令を発令した。一方、スペインでは1550～51年「インディオは人間か否か」をめぐる論争（いわゆる「バリャドリッド論争」）があり、インディオも神の子であることは受け入れられ、アメリカ先住民に対する虐殺行為はある程度改善されたという。

しかし、そのような動きは奴隷制度の改善にはつながらず、奴隷制を経済基盤としていた貴族など植民主義者たちは奴隷制度や人間差別を正当化するためにさまざまな教説を動員した。「奴隷制を創ったのは人間ではない、神である」といった偽りの教義を正当化するためであった。植民主義者の立場からみれば、「人間は環境的要因によって優劣が決まる」といった説明は不都合な真実であった。というのも、それは非白人も白人のような人間になる可能性を孕むからである。たとえ科学的根拠が乏しくても、非白人は「生物学的に」白人に劣るということを鮮明に示す説明が求められたのである。

最初にその要求に応えたのは退化説であった。すべての人間はアダムとイブをその起源とするが、非白人は気候や生活条件、キリスト文明からの孤立などによって退化したという説明である。しかし、やがては聖書に挑戦するより過激な説明が登場する。アダムの創造の前に、すでに人類（非白人）が存在したという説、あるいは黒人などと白人は別々に創造されたという説などである。しかし、これらの説を考案した者らは科学者ではなく「作名家」であった。何の根拠も示さず、名称だけを巧みに考案したに過ぎなかったからである。にもかかわらず、こうしたコンテキストで生まれた非科学的説明が500年も経った今日にまで生き残り、生物学的に異なる多くの人種が実在するという虚偽が信じられている。そこには、虚偽の説明も時代に応じて巧みに進化してきた事情がある。従って、人類は生物学的に1つの人種であることを正しく認識するためにも、そしてすべての人間がエスニシティや文化に関わりなく尊厳、平等、親切を享受する社会を作るためにも、人種主義の歴史への省察が欠かせない。

3　こうした差別の強化によってユダヤ人有力者たちはスペイン脱出をはかっていた。コロンブスの航海と新大陸発見がスペイン宗教裁判の頂点と時期的に一致するということは偶然ではない。その航海のスポンサーは主にコンベルソであり、船員の中にもコンベルソが多く含まれていたと知られる。

人種主義の被害者としてのアジアとアジアの中の差別

人間差別の加害者と被害者は固定されていない。加害者コミュニティの中に差別される者があり、被害者コミュニティの中にも加害者側に立つ者がある。アジアもその例外ではない。

ヨーロッパからみたアジアのイメージはしばしばオリエンタリズムと呼ばれる。東洋社会には西洋に劣るある種の共通的特質があるという見方である。この言葉が使われたのは19世紀後半からであるが、そうした見方は大航海時代のヨーロッパではむしろ常識であった。例えば、『方法叙説』（1637）の著者、かのデカルト（落合訳、1967：27）は次のように述べる。「……同じ精神を持つ同じ人間で、幼児からフランス人もしくはドイツ人のあいだで育てられた者が、中国人＊もしくは食人種＊のあいだで暮らしつづけたならば、どれほど変わったものになるであろうか……」（注：本文での「シナ人」という表記を中国人と記した。食人種とはアメリカ先住民を指すといわれる）アジア人は大航海時代に野蛮人と断定され、ヨーロッパの文明人と対比させられた。その頃、日本では戦争で乱取りされた男女が転売されることがあったが、一部の宣教師や商人によって海外に売られることもあった（藤木、2005：渡邊、2021）。16世紀には人身売買された中国人・日本人の奴隷がポルトガルやポルトガル占領地（マカオ、マニラ、インドなど）で確認されている（ソウザ・岡、2021）。

しかし、東アジアに限ってみても、その内部には共生と両立し難い人間差別の思想や慣習があった。中華思想もその1つである。中国は古代から自らを世界の中心に置き、その周辺の民族を4つの野蛮人（四夷：東夷・西戎・南蛮・北狄）とし、蔑んだ見方をしていた。中華意識には根深いものがあり、清末の儒学者康有為の『大同書』は、「人生における6つの苦痛」を挙げ、その中に「野蛮の苦痛」と「辺境に生きる苦痛」を入れている。近代以前の日本や朝鮮においても小中華主義と呼ばれる自国中心の世界観があった。

さらに、国を越えた人身売買や拉致も古代から行われていた。戦勝側が征服した地域民を人身売買するのは、日本では10世紀には確認できるという。11世紀初め、アムール河の上流域から海を越えて北九州を襲った女真族によって拉致された日本の男女は1300人に上っていた（藤木、2005：76～77）。新羅の海賊が日本を襲うこともあった。倭寇によって拉致され、奴隷として売られた中国人や朝鮮人も少なくなかった。文禄の役には兵隊による朝鮮人の拉致が行われた。朝鮮にも15世紀初めには日本人奴隷が存在したことが公式記録からも確認できる。

3．人種主義者とその反対者

人類の分類：人種主義パラダイムの基礎

人種という言葉は「人間の多様性を理解するための概念」として生まれた。人類の分類を試みた重要な人物は18世紀のリンネとブルーメンバッハである。分類学の父と呼ばれるリンネはスウェーデンの生物学者で、ホモ・サピエンスの命名者でもある。彼は人類をヨーロッパ人、アメリカ人、アジア人、アフリカ人と分類した。それは肌色（白色・赤色・黄色・黒色）とそれぞれの大陸に基づいた分類であった。次いでドイツのブルーメンバッハは人類を五類に区分した。彼はもっとも理想的で美しい人間としてコーカサス人（ヨーロッパ系の白人）を頂点に置き、その次にアメリカインディアンとマレー人、そしてその下にオリエンタル人とアフリカ人に位階的に配置した。

ただし、リンネは肌色に関わりなく、人類は単一の種であるとし、解剖学的類似性を根拠に人間をサルと同じ霊長類の目に入れていた。ブルーメンバッハも人種主義者ではなく、奴隷制にも反対した。彼は人間の種は1つであり、すべての種族は互いに接触・混合してきた結果、種族の境界線を引くことはできないとみていた。むしろ「奴隷の方が、彼らを捕まえて奴隷にする奴隷狩りより道徳的に優越である」とまで主張したほどである。

しかし、このような分類が位階的に配列されていたことは事実であり、また問題であった。万物は位階的に配列された形で存在するという中世の世界観が反映されたのである。分類はただ違いの区分に過ぎなかったが、違いは優劣というヒエラルキーとして解釈され、差別の根拠となっていく。さらに違う存在には違い待遇、劣等な人間には劣等な処遇が当然といった論理にも利用され、「不平等こそ平等である」という詭弁も現れる。それゆえ、人類の分類が人種主義パラダイムの基礎となったといわれる。

人種主義の主唱者：ヒュームとカント[4]

同じ18世紀には科学的立場から離れたより過激な人種主義が著名人によって提唱されたが、なかでも特記に値するのはヒューム（D. Hume）とカント（I. Kant）である。

ヒュームはスコットランド啓蒙主義のもっとも重要な人物であると知られるが、しかし、彼には多元創造説の創始者というもう1つの顔があった。彼は「すべての非白人は白人に比べて生まれながら劣等である。非白人は文明国を建設したこともなく、個々人の中にも白人を乗り越える者はない。彼らの中には独創的な匠の技術も、芸術も、科学も存在しない」と主張した。

ヒュームの思想はカントに影響を与えたが、後世への悪影響といえば、カントほど強くて長く人種主義に影響を残した人物はないといわれる。カントは過去300年の間、もっとも重要な道徳理論家、近代道徳理論の父親と讃えられているが、共生を論議する本書の視点からみれば、カントの過ちを確認しておくことに躊躇があってはならないと思う。カントの人間平等論における「人間とは白人（男性）」のことであった。彼は自らが教育する力を持ち、従って自由意志を持つ人間は白人だけであると思っていた。

カントは自らが書いた人種関連論文の中で人種（Human races）をヨーロッパ人、アフリカ人、モンゴル人、ヒンズ人と四分類した（Kant, 1775: 40-42）[5]。各人種の知的力量に基づく分類でもあったが、分類の根拠は旅行者から聞いた話だったといわれるほど、科学性に欠けていた。カントは次のように述べる（Kant, 1764 ＝英訳本1765：58～59）。「アフリカの黒人はその本性上、些細な水準を超える感情を覚えることができない……白人と黒人の格差はあまりにも根本的であり、精神的力量の面においてもその違

4　この内容は主に Sussman（2014: 20-28）を参考にしている。

5　ここでは、カントの著作として、①*Observations on the feeling of the Beautiful and the Sublime*（1764、英訳 1765）は、Frierson & Guyer ed. 2011, Cambridge University Press を参考、②*On the Different Races of Man*（1775）については、E. C. Eze ed., 1997 *Race and the Enlightenment: A Reader*, Blackwell Publishers、に収録されているカントの論文（pp.38-49）を参考にした。

いは肌色の違いほど大きくみえる」。

さらにカントは人種間の混合は不幸と被害をもたらすがゆえに避けなければならないと主張し、ユダヤ人も迷信、不正直、卑怯などの望ましくない特質を持つ者、非人格（nonpersonhood）とされた。人間行動の動機は物質的利益ではない場合に限って道徳的であるというのがカントの持論であったが、ユダヤ教は内在的に物質的宗教としてみなされたのである。反ユダヤ主義はむろんカントが創造したものではない。しかし、カントの思想は彼の信奉者のワーグナーに受け継がれ、さらにはワーグナーを文化的英雄として崇めていたヒトラーに継承されたことは重く受け止められければならない事実である。

人種主義への科学的反論：ボアス[6]

人間の多様性を「人種ではなく文化」から説明する重要な試みがボアス（F. Boas）によって行われたのは約１００年前のことである。ボアスは、ニューヨークに移住したユダヤ人とその子女の約１８０００人を対象に、移住が移民者に与えた身体の変化を研究し、母親の移住の10年後には子どもの頭指数（頭の長さと幅の割合）に変化が発生することを明らかにし、永久的と考えられていたエスニシティの特徴も社会的・物理的環境によって変わることを証明した。彼は、「白人と非白人の間に精神的力量などに差異は存在しない、しかし、両者の間に明確な違いがあるが、それは文化的人種主義による」と指摘し、人種という要因で人間の多様性を把握するパラダイムの神話性と非科学性を暴いたのである。

人間の多様性は、異なる文化（生活様式）とその蓄積、言い換えれば「相異なる歴史」によるものとボアスは解釈した。思想、世界観、技術、神話、宗教、言語、芸術などの多様性は、特定社会における先祖や歴史的環境の影響から生まれたものとされた。彼は「すべての社会及び生き物の存在は、それらが歴史的に発達してきた結果である。歴史的要因が環境の要因よりも重要である。慣習、伝統、移住などの起源はあまりにも複雑であり、歴史的視点や知識がなければ、それらを深く理解することは不可能である」と結論づけた。

すべての人間の本質的特質の多くは先祖・親からの遺伝的要因によるが、ある時点・ある生命体の生理学的、心理的状態は、それらが経てきた歴史全体の機能であり、生物学的現象の特徴はその歴史全体によって表現されるという彼の主張には説得力がある。

4. 共生の人間観と自立神話

共生の人間観：相互依存の存在

共生はマジョリティとマイノリティとの関係を相互依存の関係にあるとみることを前提とする。「万物は互いに依存し互いに資する関係（相依相資）の中で存在する」という認識方法は、仏教の基本的認識方法として縁起の法と呼ばれるが、実は極めて「社会科学的」認識方法でもある。

人間が相依相資の関係網の中で生きるという見方は、「人間は不完全な存在、ケアを必要とする存在」

6　ボアスの見解については主に Sussman（2014：146-164）を参考にしている。

と見ることである。新生児はケアなしでは命が保持できなかったはずであるが、この点を想起する限り、人間が不完全な存在であるという見方は自然に受け入れられる。さらに、自分を「ケアの受け手」として認識することによって、ケアラーを自分と無関係に生きる他者としてみなさなくなる。それは人間の共感がケアラーにまで拡張することであり、やがてはケアラーとの共生の実現につながる。

実に、人間は常に助けを受けたり提供したりする巨大なサポートネットワークの中に生きている。われわれがあたかも他者からの助けを一切受けず生きているかのような振る舞いをみせるのも、実はわれわれがそれを可能にするサポートネットワークに恵まれているからである。この認識こそすべての人々に共に生きる権利を保障する社会の基礎である。スウェーデンにおける社会サービスの基盤は「人間はみんな障害者である。われわれはたまたま健常者でいるに過ぎない」（須永、２０１６：78）という人間観である。スウェーデンがケア社会にもっとも近い社会システムを作り上げたのもその人間観による、と私は思う。

詩人の藤川（２０１３）は認知症の母親を24年間ケアした自らの体験から、社会の足かせのように思われがちの認知症介護のような問題は、人と人とのつながりを取り戻す良い機会であると捉え「どんな便利な社会になっても、自分1人では乗り越えられないことがあり、自分がそんな弱い存在であることに気づくこと。これがコミュニティー再生の鍵だと思うのだ」という。

身体が全面的ケアに依存する状態になっていても人間は発達する。老年的超越は実在する人格的成熟であり、それ自体が人間理解に貴重な学びを与える。あるＡＬＳ患者は次のように述べる（川島、２００８：２２１）。「病院でＡＬＳを告知されたときは、いずれ歩けなくなり呼吸できなくなると思い……晴れ渡った空もどんより土色に見えた。ところが、ある日病院の窓からきれいな朝焼けを見たんだよ。ＡＬＳのこの身体が俺にこの美しい世界を見せてくれているとわかった途端に、今まで全部に腹立てて恨んでいたことが情けなくてね、この身体とみんなに感謝しなくては、と本当に思えているんだ」。

共生と自立神話

相依相資の存在という人間観は、決して自立の価値を否定するものではない。ただ「他人の助けを受けずに生きること、ケアされないことが自立」といった自立神話を否定するだけである。社会保障システムは、実は相依相資の人間観に即して成り立っている。共生の視点から医療保障を定義すると次のようになる。「たまたま病気になり医療サービスに依存せざるを得ない少数の人々が、たまたま健康であり医療保険を財政的に支える多数の人々によって支えられる健康リスク分散のシステム」。健康か不健康かは決して固定的でもなければ予測できるものでもない。

同様に「所得保障とは、多数の働く人々が納める税金や保険料をもって、所得が中断・断絶された少数の人々を経済的に支えるシステム」である。支える側と支えられる側の立場の逆転は常に起こりうる。「65歳以上の生活保護受給者の中で年金受給者の割合は47・8％」（２０１４年調査）とあるが、この事実を私は次のように解釈する。「生活保護を受給する高齢者のおよそ半分は、過去国民年金に加入し保険料を払っていた人、従って租税の義務を果たし社会を支えていた人々である」と。彼らは決して自立していないわけではない。国民年金給付だけでは生活の維持が難しくなり、足りない部分の生活費を生活保護制度から補充しているだけである。

自立は貴重な価値であるが、それがイデオロギーの性格を帯びてしまうと、一方では、サポートされる人々へのスティグマ（stigma 烙印）を強め、もう一方では、「サポートされる状態になることを極端に恐れる風潮」を生み出す。トラベルビー（長谷川・藤枝訳、1974：112）の指摘のように、他人に負担をかけるという意味での依存を死よりも恐れる風潮は、元来人間が生きるためには他者に依存する存在であるという事実さえも忘却させるのである。

自立は他者からの支援を必要としない状態の意味ではない。それは「自らの判断と決定により主体的に生き、その行動について自ら責任を負うこと」（『脳性マヒ者等全身性障害者問題に関する報告』1982）である。ユマニチュードの提唱者ジネスト（本田監修、2016）は、ケアラーの役割は、ケアされる人の代わりに何かを決定する人ではない、決定者はケアされる人であり、ケアラーはケアされる人の自立を補助する人であるという。この両者の考え方こそ、自立神話を超えた真の自立である。

5．共生の概念定義のための3つの基準

共生の概念を具体化するための基準

共生の対象になる他者の範囲は極めて広く、共生の用例に内在する共通要素を引き出すことは難しい。論議の対象如何によって、論議内容に異質性が出てくる可能性もある。例えば「原子力との共生」と「認知症高齢者との共生」という2つのテーマを、共生という共通の俎上で論議することは難しい。

日本の学会の中で、環境共生やアジア共生など、共生の対象を特定している名称の学会を除き、共生そのものの探究をめざす学会は2つ確認されるが、それらが研究の対象とする共生の範囲は極めて広い[7]。

したがって、共生論議を具体化するためには共生の概念を明確に規定する必要がある。問題は共生の範囲を限定するための基準を設けることであるが、私は次のような3つの基準を提示したい。

①共生の対象を人間に限定するか、その他も含めるか
②行動を伴う概念としての共生か、思惟の対象としての共生か
③共生社会の実現のため行動・態度の変化を全構成員に求めるか否か

基準①：人間を対象とすること

本書では、共生の対象をさまざまな人間に限定したい。人間との共生をめざす国家政策や国際政策もこれに含まれる。農業との共生、再生エネルギ・原発との共生、がんとの共生などは検討外とする。人

7　共生社会システム学会（2016年設立）は「今の社会に注目されるキーワードとしては、持続可能性、多様性、コミュニケーション、地域社会、風土、農の営みと暮らしなどがあるが、そこに共通するキー概念が共生である」（設立趣意書。https://www.kyosei-gakkai.jp/blank-7）としている。同学会は「人文社会科学系と自然・環境科学系の研究者による研究団体」とされる。また、共生学会（2022年設立）の設立趣意書（https://www.kyoseigakkai-junbi.com）には、共生が求められる対象として、「ある社会を構成する多種多様な個人と集団、国境を越えた人とその子孫、死者たち、急速に進歩する科学技術、地球環境全体とヒト以外の生物種」をあげており、前者の学会よりもさらに広い概念として捉えている。

間多様性の範疇としては「出自、人種、民族、国籍、性別、性自認、性的指向、年齢、身体的精神的状況、宗教的文化的背景、社会的地位、経済状況等の違い」（日本社会福祉倫理綱領の人間尊厳の基準）が挙げられるが、このようなさまざまな人々との共生が本書の焦点になる。

今までの共生論議には、何らかの形でケアやサポートを常に必要とする人々が主な関心事であった。子ども、障害者、高齢者、低賃金者や非正規労働者、女性、貧困者、不健康な人などである。本書においては、それに「ケアラー・ケアワーカーとの共生」を加えて論議する。ケアラーへのサポートは福祉国家においてももっとも遅れている政策分野である。近年埼玉県で「ケアラー支援条例」ができたのは希望的動きである。

共生実現のための国家政策といっても、政策の間で相互矛盾が発生する場合がある。例えば、マイノリティとの共生をその本質的課題とする社会政策は、経済成長を優先する経済政策とたびたび対立してきた。さらに国際政策も共生と深く関わっており、国家間の相互依存がますます深まっていく国際環境に対応し、グローバル・ガバナンス（地球的統治）の取り組みも広がりをみせている。中でもケアワーカーの国際移住の問題は本稿と関わる。特にケア専門職の養成は公的負担によって行われる場合が多いため、開発途上国のケア専門職が先進国へ移住することは、国際的共生の理念とは相容れない側面を持つ。

基準②：行動・態度の変化を伴うこと

第2の基準は、共生を思惟の対象ではなく、行動や態度の変化を伴う実践的概念としてみるということとである。本書は共生社会の実現を目指して行われてきたさまざまな実践・政策事例を中心に共生論議をより具体化したい。また、後述するように、本稿では「共生のための実践はすなわちケア」という立場に立つが、ケアという概念についても、可能な限りその実践・政策事例を中心に検討する。

共生の実現は、行動と政策（社会的行動）を伴ってこそ可能になる。行動の変化とは、例えば貧困解消のためにより重い財政負担を担う用意があるという国民の心構えのようなものであり、中産階級の中でこうした意識の変化が起きなければ、貧困者との共生の実現は難しい。

福祉マインドとは、単に人間尊厳の価値観を持つことを意味しない。人間尊厳の実現のための行動を伴ってこそ福祉マインドになるからである。イギリスのオンライン新聞『インディペンデント』（*The Independent*）の記事（2014年4月14日付）は、共生とはすなわち「共生的行動」であること、さらにスウェーデンが共生社会とよばれる理由が単に優れた価値観のゆえではなく、行動をもって共生社会に務める市民の力にあることを感動的に伝える。

「スウェーデン居住の奥さんと2人の子供を持つあるクルド人の男性がスウェーデン政府に難民認定の申請を行った。だが、難民と認められず、従って国外追放が決まった。彼はスウェーデンの中部都市エステルスンド（Östersund）空港からストックホルム行きの飛行機に乗せられ、最終的にはイランに強制送還されることになった。彼は空港の搭乗ゲートで、搭乗待ちの乗客たちに自分の困窮を訴え、助けを求めた。彼の訴えに一理ありと判断したスウェーデン人の乗客たちは、飛行機に搭乗した後、離陸をできなくする極めて平和的な行動を起こした。シートベルトを着用しないことで、飛行機の離陸を止めたのである。そのクルド人には一時的な救済（再審査の機会）が必要であるとの思いを、行動を以って示したのである。結局、当局は当人を飛行機から降ろした。すると、乗客たちはシートベルトを着用しはじめ、飛行機は離陸した」。

写真１　出所：*The Independent*（2014. 4. 14）

基準③：すべてのメンバーに態度の変化を求めること

共生が行動・態度の変化を伴う思想であると認識した時、行動の変化は誰に求められるものか。他者を受け入れる場合、態度変化の主体という視点からみると、３つのパターンが考えられる。

第１は、誰にも行動の変化を求めず、マイノリティとマジョリティがそれぞれ生きることである。これはいわば「棲み分け」である。互いに疎通・交流・相互学習のない２つの集団は、たとえ居住地を同じくしても共生とはいえない。

第２は、マイノリティ側だけに変化を求めることである。マイノリティ固有の価値観や生活文化をあきらめさせ、マジョリティの価値観を受け入れるように要求・強要することである。これは同化の要求である。その背景には、「主流社会は正当であり改善すべきところはない」といった頑固な意識構造がある。

第3は、マイノリティにもマジョリティにも見方・態度の変化を求めることである。それぞれが固有の価値観をたもったまま相手との違いを認め、態度を修正し歩み寄ることになるが、これこそ共生である。共生はマジョリティにもマイノリティにも有益であり、両者に学びの機会が与えられる。

要するに、共生とは、マイノリティとマジョリティの分離でもなければ、マイノリティに対する一方的適応要求でもない。両者が態度の変化を受け入れて初めて共生の道が開ける。共生社会の実現を妨げるもっとも頑固な壁は「マジョリティに態度の変化などは必要ない」「マイノリティはわれわれと無関係に生きている」という認識・態度である。ある聴覚障害者は自らの経験から、情報アクセス・コミュニケーションに関わる障害者の現実をリアルに知ることは、障害者だけでなく健常者にも必要であるといい、次のように述べる（臼井、2008：90）。「普通とされている常識や慣習から見直して変えていくことは、誰にとっても楽しい経験で、多様な可能性をひらく楽しい作業である」。まさに行動の変化が障害者にも健常者にも新しい可能性になるという訴えである。

第1章　共生行動としてのケアとケアラーサポート

朴　光駿

はじめに

社会的サポートから取り残された人々をケアすることは、その人々との共生をめざす行動である。本稿では共生をケアと同意語とみなし、反ケア的なものを反共生的なものとみなす。共生とケアの関係については「共生の技法はケア」（川本、２００８：33）との指摘がなされてきた。

本稿では、既存の共生論議に加え「ケアラー・ケアワーカーとの共生」を論議する。ケアラーはケアの提供者であるが、同時にケアを必要とする状況に追い込まれている。ケアを必要とする家族構成員を家族の力だけでケアすることを美徳とみる家族主義文化は強弱という連続線の概念で把握すべきであり、その程度に差があるにせよ、どの文化圏においても残っている。そのために、ケアラーは福祉国家の制度的サポートの対象から比較的に軽視されてきた。しかし、家族のケア力は著しく低下しており、

表1　実践としてのケアと関わる用語

人口グループ	ケアの類似用語
全ての人	共生的態度、気遣い、包摂、発達保障、サポート
病弱者、病人	キュア、看病、世話、ホスピス、ヒハーラ
障害者、要介護者、高齢者	介助、介護、世話、住み慣れた地域での継続居住
子ども、被教育者	育児、保育、社会化
移住者、難民	受け入れ、保護、世話、支援
犯罪被害者、虐待被害者	保護、支援
罪を犯した人	再社会化、(更生）保護、社会復帰支援
心理相談者	相談援助、共感

出所：筆者作成

ケアラーと共生するための具体的行動をすぐに始めなければ、持続可能な社会発展ももはや期待できない。社会の持続を危うくする少子化問題の背景にもケアラーの社会的孤立がある。

この章では、ケアラーとの共生を論議する基礎作業として、ケアの概念定義やケア労働の特徴を明らかにし、ケア負担が女性に集中してきた歴史的経緯とその限界を明確に示す。

1．ケアの用例

ケアという言葉が独立語として広く使われるようになったのは、共生という用語と同じように、国際的にもそして日本でも1980年代前後からとされる。川本（1993）はケアの概念を「介護としてのケア、世話としてのケア、配慮としてのケア」に3区分して、それぞれ看護学、心理学、系譜学で積み重ねられてきた論議を検討しているが[8]、学問分野やケア実践の場によって、さまざまな類似語が使われている。

表1はケアの類似概念と、それが使われている領域を示す。ケアの共通的属性は共生的態度、気遣い、擁護、インクルージョン、サポートなどである。ケアを必要とする対象グループや専門領域によって次のようなケアの類似用語が多数使われている。「キュア、介護、介助、世話、看病、見守り、看取り、育児、保育、サポート、更生保護、社会化・再社会化、社会復帰支援、相談援助、対人サービス」。

ケアが行われる場やケアの内容は広い範囲に及ぶ。そのため例えば、子どもに関わる養育ケア（nurturant）と非養育ケア（non-nurturant）と区分して論議する必要性を提起する研究者もいる。確かに、養育ケアは比較的普遍的に行われるものであり、乳幼児に必要とされる集中的養育は過度なケア負担になりがちであるという点において、非養育ケアとは異なる特性を持つ。

日本でケア論議が早く始まった領域は医療と哲学の分野である。医療においては1975年頃より病院での死が一般化していく中、医療の対象範囲が拡大され（福永、2020）、ターミナル・ケアなど、もはや治療の視点からは対処できない状況の終末期患者に対してはキュア重視から脱皮し、より人間的なケアを導入する必要があるという問題意識があった。ケアをテーマにした日本最初の学術書は1978年『死にゆく人々のケア』（柏木哲夫）とみられるが、その著者は題名のケアの代案として「看護」「援助」「配慮」などを検討したようである（柏木、1978：川本、1993）。しかし、それら

8 川本によると、日本で現代語としてのケアが辞書に登場する時期と内容は次の通りである。『大辞林』（三省堂、1988「介護、世話」）、『広辞苑』（第4版、岩波書店、1991「病人などの介護、また客の世話」）、『辞林21』（三省堂、1993「世話。介護。看護。医療・心理的援助を含め、広く用いる」）。

は「だれかが、ある人に一方的に与えるという感じになってしまう」という理由から、日本語に訳せず「ケア」を使うようにしたという。

介護保険制度の実施、高齢化の進展や障害者福祉思想の発展などは、ケアや介護を社会の重要な議題として登場させた要因である。今や医療・看護・社会福祉・教育・心理・哲学などの学問分野においてケア論議が活発に行われており、多数の著作も公刊されている。[9]

2. ケアの本質と概念定義

クーラ説話が示唆するもの

人間は生涯にわたり誰かのケアを必要とし、特に乳幼児は絶対的な依存状態におかれる。他の動物に比べて、生後ゆっくり発育し、発育期間が長い（ポルトマン・高木訳、1961：128）のが人間の特徴である。ビッグヒストリーの著作者ハラリ（柴野訳、2016：第1章「認知革命」）は、人間がケア依存的になった起源について、次のような独自の説明を展開する。「約30万年前にアフリカから進化したホモ・サピエンスは直立歩行ができるようになるが、直立歩行は女性の産道を狭くさせ、出産を難しくした。一方、人間の脳は大きくなっていたので、出産が産母の命を危うくした。そのリスクを避けるため赤ちゃんの出産が早まり、産まれた赤ちゃんは自立するまで長い期間を大人たちのケアに依存せざるを得なくなった。それは子どもの社会性（協力性）の発達に貢献した」。

ケア論議によく引き合いにされるものにクーラ神話がある。[10] クーラ神話については、20世紀の代表的哲学者ハイデガー（原佑・渡邊訳、２００３：１６４〜１６５）がかなりのページを割いて紹介し、ケアが人間と切り離せない本質問題であると説いたことで広く知られる。その内容は次の通りである。

気遣いの女神クーラ（CURA）は、川を渡るとき川底から粘土を見つけ、その一塊をとりあげてはそれをこねて人間の形状を作りはじめた。自らが作り上げたものに思いをめぐらしていると、収穫の神ユピテル（ローマ神話の主神）がやって来た。クーラはユピテルに、形をえたその物体に精神を授けてくれと願い、ユピテルはその願いをかなえてやった。クーラはそれに自分自身の名前をつけようとした。ところが、ユピテルはそれを禁じ、それに付けるべきは私の名前だ、と主張した。名付けをめぐってクーラとユピテルが争っていると、大地の女神テルスが立ち上がり、その物体の材料を提供したのは自分であるといい、自分の名前がつけられるべきだと主張し始めた。彼らは、時間の神のサトウルヌスに審判をあおぐようになったが、サトウルヌスは次のような公正にみえる審判を下した。「ユピテルよ、なんじは精神を与えたゆえ、それが死んだら精神を受け取るがよい。テルスは身体を授けたゆえ、その死後その体を受け取るがよい。クーラよ、

9 『ケア学』（広井良典 ２０００）、『ケアの社会学』（三井さよ ２００４、上野千鶴子 ２０１１）、『ケアの社会倫理学』（川本隆史 ２００５）、ケアを多学問分野から検討した『講座ケア』（全4冊 ２０１３）などがある。

10 クーラ神話（寓話）は 紀元前後のラテン語作家、ヒュギーヌス（Hyginus。紀元前64？-〜17）が、ギリシャの事柄をローマ人に紹介するために著したとされる『神話伝説集』（Fabulae）に掲載されている。

なんじはそれを最初に作り上げたゆえ、生きている間はあなたが所有するがよい。この新しいものは、土地（humus）から作られたので、ホモ（homo、ヒト）と名付けよう」。

この寓話の解釈において注目すべきは次の2点である。1つ目は、ハイデガーが指摘したように「気遣い」のもつ二重的意味である。ハイデガーによると、気遣いを意味するラテン語「CURA」には、①心配、苦労という意味、②他人への献身という2つの意味がある。ラテン語「CURA」は英語の「care」に当たる言葉であり、ケアの語源でもあるので、現代語のケアにも同じく2つの意味が含まれる。私は現代のケア論議の視点からみて、①（＝心配）は人間の苦痛への向き合いに、②（＝他人への献身）は苦労・不安がっている人への寄り添いに置き換えられると思う。つまりケアの本質は、①人間の苦痛を直視・共感すること、②苦痛を抱えている人への寄り添い、という2点にあるとみる。

2つ目に注目すべきは、ホモ・クーランス（Homo-Curans。気遣いのヒト）としての人間像がそこに示されたことである。ハイデガーは、人間を初めて作りあげたのが女神クーラであることは、限られた時間に生きる人間存在の根源に気遣い（＝ケア）があることを意味すると断言した。ケアが人間の根源であるというのは、死すべき存在である人間は、生きている間、ケアから免れることができないという意味に他ならない。ケアする存在、それこそ他の動物と区別される人間の根源的特徴であるが[11]、それは、ケアすることこそ「死すべき人間をしてより完全な存在に近づかせる」ものであることを示唆する。

サトゥルヌスの諸神への判決文を、もし「ヒトへの判決」に書き換えるなら次の通りになる。「死すべき存在、ヒトよ。君の精神は死後神の世界に帰し、肉体は土に帰する。そして生きている間はケアし続け、悩み続けるのだ。君は理性を持っているとはいえ、神のような完全たる存在ではない。しかし命のある限りケアし続けることによって、より完全な存在に近づいていけるのだ」。

ケアの概念定義

ケアについては、かつてメイヤロフ（田村他訳、1987）が「人間の成長を助ける行為」と哲学的に定義して以来、多くの概念定義がなされてきた。ここでは先行研究の諸定義を比較検討せず、イングスター（Engster, 2007: 228-32）の次のような概念定義を軸にし、私見を加えることにしたい。「ケアは、人々が社会での生存・発達・役割遂行ができるように、生物学的に重要なニーズを満たすこと、基礎力量を開発・維持すること、不必要で望まざる苦痛・苦難を回避・緩和することを目指し、人を助ける諸活動である」。イングスターはケアと「ケアならざるもの」（noncaring）を区別することでケアの概念定義を明確にしている点において独創的であるが、この定義には、どの文化圏にも普遍的に適用できる「ケアにおける3つの目標」が盛り込まれている。

ケアの第1の目標は、人々の生命維持に欠かせない生物学的ニーズを充足することである。対象にな

11 ハイデガーは、ケア（気遣い）はわれわれが人間存在と呼んでいるそのものであることを強調するために、「自己気遣いという表現は同語反復である」（前出、153）という。またヒュギーヌスと同時代の人物であるセネカ（紀元前？～65。政治家・哲学者）も、気遣いに人間の本質を求めていた。セネカは、生存する4つの自然（樹木、動物、人間、神）のうち、人間と神だけが理性をそなえているが、神は不死・人間は可死的であること、神の本性は、神の善を完成することにあり、人間の本性は気遣い（クーラ）にあるということで区分される（前出、166～167）という。要するに、紀元前後のローマ社会には人間を気遣いの存在とみる認識が広がっていたと考えられる。

るニーズは、死や傷害やＱＯＬの疲弊などを避けようとするニーズである。子どもの場合は、最小限の身体接触だけでなく、安全な水や適切な衣食住、十分な休息、衛生的環境と基本的医療がそのニーズに含まれる。ただ、性行為へのニーズは、生物学的ニーズとしてみなされることもあるが、生存に直結するニーズとはいい難いゆえ、ケアの範囲には含まれない。あるフェミニスト（Held, 2006:32）はケア行為とサービス提供の行為とをあえて区分する。子どもに食事を提供することはケア、料理ができる夫に料理を提供する行為はサービスとされる。

第2の目標は、人間の基礎的で内在的力量（=感覚、移動、感情、想像、理性、読み書き・しゃべり、計算、関係づくりの力量）の発達と維持を助けることである。これらの力量は労働生活と生存に欠かせない資源の習得力を高める。ただし、ケアの目標は人間の「全ての潜在的力量」の発展を助けることではない。例えば、美的鑑賞能力の開発までケアの範囲を広げると、それに努めない親は「ケアしない者」とされてしまうからである。芸術的能力の発揮を助けるサポートは「ケア以上の行為」となる。また、この目標は、当然ながら重度の障害者や寝たきり高齢者の場合にも適用される。人間はいかなる状態に置かれても、適切な刺激とケアが提供されれば必ず発達する（=人格が成熟する）という発達保障の思想はケア実践の基盤である。

ケアの第3の目標は、前者の2つと部分的に重なるが、危険な環境や疾病・栄養失調の回避、不必要な苦難の回避を助け、安全な生活が維持できるようにサポートすることである。安全確保は障害の発生の抑制と障害者の苦痛の緩和につながる。

ケアの質に関わる2つの現実的特徴

ケアの質に関わる現実には2つの特徴がある。第1の特徴は、ケアの質はケアラーによって大きな格差があるということである。ケアの質を決定づける要因としては、ケアラーが持っている知識や技術だけでなく、ケアラーの哲学的信念もある。看護領域のケアについてトラベルビー（長谷川・藤枝訳、1974：69）は、看護専門職の哲学的信念は病気・苦しみ・死の意味の解釈に影響を与え、ケアの質を決定し、ケアの受け手に提供すべきケアの範囲を決定すると指摘する。ケアは人間の身体を通して表出される営みであるだけに、ケアラーやケアワーカーの価値観・資質・パーソナリティ・力量によってケアの質は大きく左右される。したがって、ケアの質を保障するためには、ケアワーカーの資格要件を定めることに留まらず、常にケアラーの人格的成熟の機会を提供することが欠かせない。「良いことをしようと努めるより、良い人間になろうと努めることである」というトルストイの言葉を想起させるところである。

第2の特徴は、ケアの受け手なら誰もが「質の高いケア」を求めるということである。そのため、ケアを社会的議題にする時は、ケアの最低基準の設定のみならず、常により良いケアの保障に焦点を当てる必要がある。内田樹（『先生はえらい』）は教育を、最低基準をクリアすることを目標とする教育と、限度のない高い水準を気付かせることに目標を置く教育に区分したことがある。前者は、車の運転講習、後者は、サーキット教育がその例とされるが、内田は先生と呼ばれるにふさわしい教育者とは後者の場合であるという。最低水準をクリアすると合格点を出すような教育ではなく、高い技術には限りがないということを教えるためであるという。ケアもこの教育論と同じく、基本的にはケアワーカーの資格など形式的最低基準のクリア、そのうえ限りのない高い質のケアをめざすことが求められる。有資格者のケアワーカーによるケアなら満足されるはず、といった論理はケア領域には通用しない。

ケアの質は「社会そのものの質」であるといっても過言ではない。さまざまな社会においてその質に大きな格差が存在する現実も、実は当該社会のケアの格差によると私は思う。

3．ケア労働の4つの特性

対面的実践行為

ケアの第1の特性は、実践行為であり、対面的関係のもと直接的に行われるサポートであるという点である。この点において、ケアは経済行為とは異なる（Engster, 2007: 28-29）。住宅会社は経済的利益を得るために住宅を建設・販売する。住宅購入者からみれば、住宅をケアのために活用することが多いので、住宅会社の活動は間接的にケアと関わる。しかし、住宅の建設・販売の目的がケアにあるわけではない。同じく、子どもに最小限の栄養と量の食事を提供する行為はケアといえるが、レストラン側が食事を提供する行為はケアとみなされない。

実践という行為の核心的要素は、明確な目標の有無である。目標を持たない活動は実践になりえない（Ruddick, 1989: 13-14）。映画鑑賞といった行為を実践と呼ばないのもその理由からである。

有給労働か無給労働かはケアなのか否かの判断基準ではない。決定的基準は直接的助けの行為か否かである。ケアを提供する職業群は医師や看護師などの医療専門職、社会福祉士や心理相談士、教師や保育士などであり、職業的動機によって提供されるケアにはそれに見合った報酬が支払われるが、報酬という見返りがあっても、直接的に提供される助けである限り、それはケアである。

「過剰負担」の際に問題となる

第2に、ケア行為は労働であるが、ケアが「過剰負担」(Ruddick,1998:14) になった場合に問題になるという特性を持つ。ケアラーとの共生が切実に求められるのも過剰負担が家族・女性にのしかかっている現実、そしてケアワーカーの厳しい労働条件のためである。過剰負担とは有用な社会サービスの乏しさを意味する。近年、社会的議題になりつつあるヤングケアラーの問題は、家族が社会的ケアネットワークから疎外された時、必ず家族の誰かにその過剰負担が背負わされるという現実の証である。

自分の子どもを保育所まで送り迎えする父親のケア負担と、他の家族のサポートなしで子育てを行う母親のケア負担には雲泥の差があり、問題になるのは後者である。過剰負担か否かの客観的基準を示すことは難しいが、筆者として考えられる過剰負担の具体的な状況は次の通りである。①有用な社会的サポートがなく、ケア負担が全く家族に負わされていること、②家族の中で特定メンバーにケア負担が不合理に集中していること、③ケアのため離職せざるを得なくなり、それによって収入が著しく減ること、④職業的ケアの場合、劣悪な労働条件やケア職に対する低い社会的評価。

ケアの与え手にとって、「ケアに喜びがあり、ケアはケアラーに人格成熟の機会を与える」という見解(例えば、メイヤロフ)もある。これは過剰負担になっていないケアに限って当てはまる見解といえよう。この見解には後述のように批判もあるが、メアヤロフの見解を全面的に否定することもできない。デ・ブリスの次のような言葉は、ケア行為による人格成長の可能性をわかりやすく示す。「子どもが生まれる前から、子育てにふさわしいほどに成熟した人間がどこにいるか。結婚の奇跡は2人の成人が子を産み出すことにあるのではなく、生まれた子が2人の親を〝真の大人〟に育て上げることにある」。

前記の藤川（2013）も、もし認知症の母をケアする経験がなかったなら「こんなにも命や人生について考えなかっただろう」と回顧する。

関係性と相互性

ケア労働の第3の特徴は、ケアは常にケアラーと受け手との関係の中で、そしてその関係を通して行われる営みであるという点である。ケアの与え手と受け手は影響を与え合う関係であり、利害が対立する関係ではない。ただし、ケアにおける相互性はケアの与え手・受け手の二者に限るのではなく、常に多者関係でありうるということに注意が必要である。子育にも介護においても、主ケアラーの他にも複数の家族メンバーが関わることが多く、家族関係がケア関係にも大きな影響を与える。さらに、ケアを二者関係として把握することは、ケア問題を親密関係・私的関係の次元の問題として捉える誤解を招きやすく（Tronto, 2013:149）、ケア領域における国家の介入を妨げる要因になる。

ケア関係に非対称性があることは事実である。ケアラーがケアによって自らケアされる場合があることを強調することは、ケアラーに不当なプレッシャーをかける結果を招きうる。だが、ケアの与え手と受け手との相互性は、直ちに現れる場合もあれば、長い時間をかけて現れる場合もあり、一方的負担に終わる場合もある。さらに、ケアの受け手がケアの与え手ではなく第三者にケアを提供して恩返しを行うこと、つまり恩送りのような関係性もある。したがって、ケア関係の特性を非対称性だけに求める見解は適切とはいえない。例えば、上野（２０１１：63〜64）は次のように述べる。「ケアが複数のアクターを含む相互行為であることを前提したとしても、このアクター間の非対称性を否定したことにはならない……ケアリング・ソサエティの構想者たちは「ケアの相互性」（mutual care）を強調するが、実際にはケアする側とケアされる側とは互換性を持たないことがしばしばである。子どもや高齢者、障害者のケアの与え手が、ケアの受け手から「ケアされ返す」可能性はほとんどない……このケアの相互性を言いくるめる理念が、「他者へのケア」が「自己へのケア」と同義である、というメイヤロフ流のレトリックである……ケアは与え手と受け手の相互行為とはいえ、決して互酬性でも対等な交換でもない」。

これは、相互性をあまりにも直接的・短期的に解釈する見解のように思われる。私は高齢者介護施設の現場で入浴サービスの後、2時間にわたり着衣を拒否した入所者のケースを聞いたことがある。それはケアもしくはケアラーへの抵抗、ケアに協力しないという意思表現であろう。また、ある介護現場（永和、２０１０）では介護が終わるとケアラーがケアの受け手に感謝の言葉を述べることとなっているが、その理由は「相手のケアへの協力」によって、ケアがスムースに終わり、ケアラーの負担も軽減されたことへのお礼であるという。つまり、ケアの受け手が示す協力的応答そのものが、ケアの相互性の証になる。

ケアの受け手がみせる応答性（微笑みや介護に協力的な動き）はケアの関係性の維持に役立つ。しかし、たとえそうした応答性が見えづらい重症障害者のケアにおいても、ケアラーには関係性が途絶えないように努めることが求められる。村上（２０２１：９〜22）は関係性の維持に努めるあるケア職の実践例として、重症患者が多く入院する救命救急病院で、意識のない患者にも声をかけ続けるあるベテラン看護師（比田井氏）の語りを紹介する。「…（植物人間状態の）患者のところへ見回りの時にちょこちょこ行って、声をかけたりします。一方通行の話なのですが。〝どうですか〟とか〝風邪引くといけないから、あたたかくしてくださいね〟とか、そういう勝手なこちらの話をして帰ってくるのです……なんか、そこにも意味があるだろうなと思いながら」。

このケア実践には、積極的に出会いの場を開こうとするケア専門職の強い意志が示されており、また質の高いケアには限りがないことを改めて思い知らせるものがある。村上はいう。「コミュニケーションをたやさない努力……意識が薄れている人、身体が動かない人もまた何かを伝えようとする。指のかすかな動きかもしれないし、瞬きかもしれないが、キャッチする人がいればそれはサインとなり、キャッチすること自体がケアとなる」。そのサインを受け取る場を村上は「出会いの場」と呼ぶが、出会いの場はすなわち相互性が結ばれる場である。

感情労働

第４に、ケアは感情労働という特徴を持つ。具体的ケア行動とケアラーの感情や善意には関連性がある。多少極端な例になるが「相手に死んでほしいという思いで行われるケアと、真の愛情で行われるケア」が全く等価的行為になるはずがない。イングスター（Engster, 2007: 197）はケア行為、ひいては家族ケアラーのサポート制度・政策を支持する人々の心性をケア心性（caring disposition）といい、その核心をなすのは、広い意味での同情（sympathy）と思いやり（compassion）であるという。[12] 同情と思いやりは人間それぞれの違いを尊重すること、良きケアを共に感じることを意味するが、ケア的態度や利他主義的態度を誘発することに中心的役割を果たすといわれてきた。

ところが、ケア労働は感情労働であるという認識が低賃金労働になった一因であるという指摘（田中、２００８）もある。感情は理性より劣っているもの、従って、感情労働の価値もより低いという認識に繋がってきたからとされる。ただし、医師の労働も感情労働として捉えられているので（例えば、阿部、２０１９を参照）、この見解は狭い意味でのケアワーカーを念頭に置いたものと解される。

ケア論議において、ケアラー個人の心性や態度、倫理などを過度に強調することは適切ではない。ケア親和的動機や心性だけでケアの質が決まるものではないからである。個人的心性を具体的なケア行為に繋げるためには、ケア労働に対する社会的地位を保障するなどの社会的環境の整備が必要である。にもかかわらず、ケアの受け手に「ケアを受けたという認識」が覚えられない場合、ケアが行われなかったことになると断言する研究者もいる（Tronto, 2013:151）ほど、両者の感情的交流は軽視することができない。メイヤロフもケアの本質は専心（devotion）にあるといい、専心のないケアはケアでないという。

12　訳語としての共感、同情、思いやりなどの言葉は、特に心理学では厳格に区分されているようである。ローチ（鈴木他訳、１９９６：99）は「思いやり」を「すべての命あるものに対する私たちの関係を意識することから生まれる生き方」と定義する。一般に「empathy」は共感、「sympathy」は同情（あるいは同情心）と訳される。両者の違いについては、共感は「相手の痛みを感じること」、同情は「痛みを感じている相手を気の毒に思うこと」というスロート（早川他訳、２０２１：20〜21）の区分がわかりやすい。

共感と同情は、人間の本性ともいえるが、学習によって育まれる側面もある。特に後者の重要性を見落としてはならない。ケアに満ちたコミュニティで育てられるとケア的態度が自然に学習される。コミュニティの良き福祉施設はそれ自体良き教育の場になる。共生哲学に基づいて設けられた国や自治体の政策も、その政策本来の目的の他に、共生という社会的価値を伝播する間接的効果を持つ。

4．ケアラーとしての女性

女性劣性観と道徳規範の公式化：欧米と日本

文明社会においても、長い間女性は理性に欠けた人間、より重要でない仕事を担う人間として扱われてきた。男性優位社会の持続には多くの著名人の教説が関わってきたが、ヘルド（Held, 2006: 59）は女性劣位観の長い歴史を次のようにまとめる。「アリストテレスは、女性は人間の本性である理性的能力が劣っており、欠陥を持つ人間であるとみなし、女性の本性と機能は動物の如く再生産にあると主張した。そうした考え方は13世紀にアキナスによって継承された。18世紀のルソーは、女性に子どもの頃から男性に服従するように教育を徹底しておかなければ、社会は崩壊すると主張した。理性中心の道徳論を展開したカントは、女性には理性が足りていないゆえ、ちゃんとした道徳的人間にはなり得ないといった。20世紀にフロイトは、女性が解剖学的にみてペニスに欠けていることを理由に、心理的に劣等な存在であるという視点を提示した」。[13]

女性をケアラーと位置付ける道徳規範は19世紀までには公式化された。英米には「家庭の天使」という女性の道徳規範が根強く存在する。それは、権利の声を放棄して、家族メンバーのために行動する女性、夫に従順する女性像である。家庭の天使の声は、女性の肉体を通して語るビクトリア朝の男性の声である（川本他訳、2022：13。ギリガンの「1993年、読者への手紙」。強調は引用者）といわれるように、それはビクトリア朝の自助イデオロギーの産物であった。

イギリス福祉国家の胎動は、まさに自助イデオロギーの終焉からはじまった。福祉国家は国家が家族の担う社会的役割の一部を自らの責任として少しずつ代替していくことによって成立したからである。なかでも、定年退職や疾病などに対応する社会保険制度は比較的早い時期から整備されたが、しかし、ケアラーとしての家族の負担を軽減するための社会サービスの方はたち遅れている。

日本には「女性は三度老いを生きる」という言葉がある。親と夫を看取り、やがて自分の老後に悩む

13　「ケアは女性の仕事、従ってより重要ではない仕事」といった固定観念の始祖としてたびたび指目される人がアリストテレスである。かつてアリストテレスは「人間はポリス的動物」と定義した。人間は1人の個体として生きながらも、もう一方では、1つのポリスを形成するという点において他の動物と区別されるとされた。ポリス的とは「政治的」という意味で使われたが、ラテン語に訳されローマ思想に適用された際に「社会的」と訳され、「人間は社会的動物」という言葉が広がった。「social」の語源はラテン語にあり、ギリシャ語にはそれにあたる言葉がなかったからという。アーレント（『人間の条件』第二章）はアリストテレスのこの言葉のルーツについてふれ、ポリスの発生は人間に家庭生活の他、第二の生活ともいえる政治的生活が与えられたことを意味すると解釈した（朴、2017b）。アリストテレスの本意はともあれ「家庭生活と政治生活」の区分は「私的生活と公的生活」の区分として受け止められ、それが「公的領域の活動を本業とする男性、私的領域の生活を本業にする女性」といった男女役割分担論にすり替えられるようになったと思われる。

女性のことを指す（折井、１９９７）。介護はもっぱら女性の役割とされる社会規範のシンボルのような言葉であった。伝統社会における家族責任主義は女性の責任・負担によって維持されたが、明治時代には近代教育を通して、このような伝統的対処方式が公式的に再生産された。

例えば、折井（１９９７：46〜49）によると、『尋常小学修身書』（１８９２）には「親が病にかかった時には、女性は化粧せず、常にかたわらにいて介抱すること」と記された。さらに１９１０年の『尋常小学修身書』（「男子の務と女子の務」）には「男子は成長後、家の主人となり職業に務め、女子は妻となり一家の世話をするもの」という性別役割が明記されていた。明治時代には、女子も中等教育を受けるようになったが、その教科書（『新撰家政学』）には「老人の保護加養は家政の主たる者にとって最も重視すべきこと」と述べられ、１８９０年『家政学』には「老者の看護」の章を設け、老者の看護も家政の一部であること、主婦たる者は、老者に対しては十分な注意を加え、懇篤なる看護を行う義務を述べていた。

このようなケア倫理の公式化が後代に残した影響は大きい。ただし、注意すべきは、以上の指摘がイギリスや日本において「ケアは女性の義務」とする家族倫理がそれぞれビクトリア朝と明治時代に初めて形成されたという意味ではないということである。それはあくまでもそれぞれの伝統社会の価値観を継承したものであった。また19世紀末に家族倫理が公式化されたことによって、女性の社会的地位が伝統社会での地位より低下したわけでもない。むしろ女性の道徳的倫理が公式化されたことは、女性が社会的存在として社会・歴史の前面に登場する意味があった。この時代の動きは次のように解釈できる。「19世紀末には伝統的女性観から一歩進んで、女性を社会の一員として公式的に認め、そのうえ女性を家族倫理の主役とする慣習を制度化した」。

ただ、家族・女性の過剰負担の現状のルーツを明治時代の家族倫理に求める論議には同調し難い。もし、ケア領域における女性に過剰負担を問題視するなら、なぜ明治時代の家族倫理が長い間見直されることなく持続してきたのかという問いに、論議の焦点を当てるべきであると思うからである。

「もう1つの声」

1980年代に入りケアの本質、あるいは正義や倫理レベルからケアを考察した海外の研究が多く発表され、日本国内にも紹介された。特にギリガン（岩男編訳、1986；川本他訳、2022）の1982年著作はケアの倫理を正義の倫理との関係で論議される大きなきっかけになった。[14] ケア問題と関わり、女性劣性観の風潮に方向転換のきっかけを作ったギリガンの著作は、心理学や教育学、道徳発達論や正義論などに新しい視点を与え、そして研究方法論の発展にも貢献した。詳しい内容は、翻訳書や多数の先行研究に譲り、[15] ここでは、その中でケアラーとの共生に関わる内容に限って触れたい。

ギリガンによると、女性は何が正しい行動かを選択する際に、道徳的感情と実践能力、その行動によって発生する人間関係の変化を重く考慮する傾向がある。家事・育児を担ってきた女性は自分という存在を、他者とつながっている相互依存の存在として捉え、親密性の人間関係を重視する。それは他人に対する関心、配慮、ケア、親密さ、責任などを重要な価値として内面化させる。ギリガンはこれを

14　国外におけるケア論議の流れについては、『生命倫理百科事典』Ⅱ（1995、丸善）の「ケア」項目が重要な参考文献である。中でもライク（Reich、1995、森岡訳）執筆の「ケア概念の歴史」は学術的価値が高い。

「ケアの倫理」といい、理性的判断を道徳性の基準とする男性中心の「正義の倫理」と対比させ、さらにケアの倫理は劣等な倫理ではなく「もう1つの倫理」であると主張した。

ギリガンの論議は、男性中心の思潮が社会の主流になった背景に、男性の声がすなわち人間全体の声であるかのように拡大解釈してきた科学界の安易な風土があることを気づかせた。それは、人類の半分を占める女性の実情、すなわちもう1つの声を拾い上げなければ、共生社会は実現できないというメッセージであった。ギリガンは正義の倫理とケアの倫理の関係は相互補完的であると指摘する。相互補完的という言葉には、ケア社会に生きる望ましい人間像が次のように暗に示されている。「愛着の形成が難しいという弱みを克服し、ケアにより多く関わる男性像、そして独立的存在になることに躊躇する弱みを克服し、正義により多くの関心を示す女性像」。

ケア民主主義の論議

ギリガン以降のさまざまなケア論議を踏まえ、ケア民主主義論を唱えたのはトロント（Tronto, 2013：トロント・岡野訳、２０２０）である。ケア民主主義論の要諦は「ケアがより民主的に運用される時に初めてケア問題が解決できる」ということである。トロントによると、ケア領域には革命的変化が求められるが、その妨げになるのが次のような3つの安易な現実認識である（Tronto. 2013:1-2）。①ケアは自然なことであり、ケアを自然にうまく遂行できる人々がケアに従事する時に社会はよくなるという認識、②ケアは市場から影響を受けにくい分野であるので、他の財貨と同じく市場に任せるべきだという主張、③今まで行なってきた対処方法によってもケア問題に対処できるという認識。

ケア問題を、利害関係と権力の問題に関わる政治的議題としてみなければならない理由は、それがエスニシティと階級の問題であるからであるとトロントはいう。アメリカの場合、非養育ケアの部門はマイノリティによって占められており、日本でもケア領域に外国人労働者の導入が進められてきている。歴史的にみると、ケアは非市民（non-citizen）とされた女性、奴隷、安価な労働力としての外国人労働者などによって担われてきたが、現代社会においても市民が、より重要な仕事を遂行するグループとそうではないグループとに分けられ、後者の場合、社会参加が制限されやすい傾向が依然として残っている。

トロントは、ケア欠乏（care deficit）と民主主義欠乏（democracy deficit）の問題はつながっているとみる（Tronto, 2013: 17-18）。ケア欠乏とは「子ども・要介護高齢者・病弱な家族構成員などのケアニーズに対処すべきケアワーカーを探せない状態のこと」をいう。さらにケアの不平等が、マイノリティの市民的力量を制限することによって社会全般の不平等を引き起こすとトロントは指摘する。ケア問題は、ケア民主主義によって初めて解決できること、ケア領域の民主主義のためには社会全般の民主主義が求められること、それゆえケアを政治の最重要の議題にする必要があるということである。

15　ギリガンの出発点は、女児は男児に比べて道徳性の発達が遅いというコルバーグの道徳発達論に対する疑問であった。彼女は、コルバーグの結論は男児だけを調査対象としたことなど、研究方法の偏りによると指摘した。正しいことが何かを判断する際の判断基準は、男性と女性との間に違いがあるということ、女性には女性独自の判断基準がある。しかし、コルバーグは男性中心の理性的判断だけを優れた道徳基準とみなして探究した結果、女性の能力を見下す結論に至ったというのがギリガンの批判であった。

男性主導の社会は、ケアは女性に適した仕事であるという見方をあたかも科学であるかのように宣伝する説明探しに執着してきた。実に、育児に男性が積極的に関わってきていない背景には、子どもを適切にケアできるのは母親のみであるという神話がある。しかし、「複数のケアラーによる保育も母親と同じかそれ以上に安定的愛着（secure attachment）の形成が可能であることは科学的にも証明されている」（Engster, 2007: 208）。人間社会において乳幼児の子どもは全く母親のケアによって育てられるのではなく、他の家族メンバーや親類などの共同保育者（alloparents）によってもケアされてきた。ハルディ（Hrdy, 2009）などフェミニスト霊長類学者は、人類が進化に成功した要因はまさに共同育児にあると主張する。

民主的社会とは、男性あるいはケアに携わっていない人々だけが自由に生きる社会ではない。そうではなく、女性もケアに携わっている人々も自由に生きられる社会のことである。ケア倫理は男性にも適したものである。男性も女性も正義の価値を受け入れているように、ケアの価値もともに受け入れ、ケア負担を公平に分担することは社会の持続のためにも必要である。社会のもっとも根源的価値は正義よりはケアの方である。というのも、正義不在のところにもケアは欠かせないからである。歴史的にも今日においても、家族の中に正義の空間が存在しない場合もあったが、その中でもケアは持続されてきた。

ケアラーへの支援

人間は個人的行動によって正義を実践することができる。不正義に対する協力拒否を通して、あるいは軽蔑的評価や直接的制裁を加えることは個人的レベルでの正義実践の例である。一方、不正義な法律の撤廃、法の手続きをより公平に変えていくような制度的実践もある。同じく、ケアラーのサポートにも個人的実践と制度的実践があるが、ここでは、ケア負担を軽減するための制度的支援策を検討する。

伝統社会においては国家によるケアラーへの表彰が行われていた。それは家族責任主義が支配イデオロギーとして利用された例である。今日にケアラーの献身を家族倫理のシンボルとして仕立て上げようとすることは時代錯誤的である。日本で介護保険の導入が論議されていた１９９０年代に、ある女性団体は「介護表彰はノー」という声明を出している。

ケアラーへの社会的支援としては、まず現金給付がある。乳幼児や重度の障害者、要介護高齢者を対象とするケアは「依存労働」と呼ばれる。依存労働とは「ケアが止まると直ちに生存が危うくなる人々を対象とするケア労働」（キテイ・岡野他監訳、２０１０：83～85）のことである。依存労働の多くは無給であり、そのケアラーは有給労働に就くこともできないので、ケアラーは自らの生活を誰かに依存しなければならなくなってしまう。このニーズに対応する支援策がケアラーへの手当などの現金給付である。

日本では「育児・介護休業法」に基づく育児休業と介護休業制度がある。（以下、厚生労働省「育児・介護休業法解説」）この制度の主な目的は「子どもの養育あるいは家族の介護を行う労働者の支援（雇用の継続と再就職の促進）」、職業生活と家庭生活との両立に寄与することにある。育児休業は原則として「1歳に満たない子を養育するための休業」であり、介護休業は「負傷、疾病、身体上・精神上の障害によって、２週間以上にわたり常時介護を必要とする状態にある家族」を介護するための休業である。前者の場合、休業中は「育児休業給付金」（給料の67％、6カ月以降は50％）を保障し、給付金の受給期間中は、健康保険や厚生年金保険の保険料が免除される。

介護休業の場合、対象になる家族の範囲は広く設定されている。配偶者（事実婚含む）、父母・子、配偶者の父母、祖父母、兄弟姉妹、孫となっている。休業期間は介護対象者1人につき93日までで、同期間中賃金の67％が保障される。

子育て支援制度は、その歴史からみても給付の水準・適切性からみてもスウェーデンの育児休暇制度（Parental Leave）がその典型である。（以下は、スウェーデン社会保険事務所のホームページ）その給付は、①定率給付（月所得の77・6％を390日間受給。所得認定上限は38・750クローナ。1クローナ＝約12・8円）、②定額給付：90日間、180クローナ、③基本給付（低所得者）があり、子女1人当たり合計480日の給付（父母が同時に利用可能な休暇日数は30日）を子女が12歳まで（あるいは小学校5年生まで）分割して利用でき、480日の中、384日（80％）は子女4歳までに使用することとなっている。子どもの出産前に、予備親教育参加や出産日の60日前からの病院診療時にも利用できる。

給付水準は国の経済事情や福祉レジームの特性とも関わるものであり、単純比較には限界がある。ただ、スウェーデンの制度の中で何よりも注目しなければならないのは、その給付対象に専業主婦が含まれていることである。スウェーデンでは子育て中の人であれば、働く層にのみならず、専業主婦など非就業者にも基本給付（250クローナ／日）が提供される。求職中の人や学生も、以前の所得があった場合、それに比例して定率給付の受給が可能である。

日本の場合、育児休業制度の目的には、「働く父母への支援」がその前面に立っている。従って、産前に就業していたか否かによって社会的支援にあまりにも大きな格差が出ており、この点は是正すべきである。要するに、労働経歴が断絶された母親や専業主婦による育児までも、公的育児サポート制度の対象とすることが喫緊の課題である。それは子育てについて社会全体の哲学的転換を前提とする。

「ケアコミュニティ」という共生の理念──むすびに代えて

ケアは共生の理念が行動として表れたものである。近年、イギリスの有識者グループ、ケア・コレクティヴ(岡野他訳、2021)はケアと関わる理想的社会としてケアコミュニティ(caring communities)。「ケアに満ちたコミュニティ」とも訳される)を提案した。言葉からみれば、それはケアが保障されるコミュニティのことを指すように聞こえるが、実はその意味には奥深いものがある。

ケアコミュニティには、トロントが提起したケア民主主義の概念と相通じるものがある。前述のように、トロントは男性も女性も社会のすべての資源もがケア負担を公平に分担しなければ(=社会をより民主的に改革しなければ)ケア欠乏の解決はできないと指摘した。ケア・コレクティヴもケアコミュニティの最も重要な要素として「民主的コミュニティ」を挙げる。市民が他の市民をケアすること(=相互支援の社会文化)もその重要な構成要素であるが、ケアコミュニティの核心的本質は、住人たちが民主主義そのものをケアすることにあるとされる。要するに、ケアコミュニティとは女性や一部の人口グループが過剰負担を強いられている現実に目を覚まし、その解決に向けて地域住民のケア能力を高めること、究極的には住民を人間らしく成長させることに目標をおくコミュニティのことである。

ケア負担を主に女性に負わせ、次に「安い労働力として」外国人労働力をアウトソーシングする社会は持続可能ではない。そうしたアプローチを終わらせる政策手段として、ケア・コレクティヴはインソーシング(insourcing)という政策アイディアを提案する。「地域の内部資源である市民のケア能力を高めていくこと」によって、一方ではケア問題解決の能力向上を図り、もう一方では、市民の人間らしい成長を促すことがインソーシングのねらいである。

ケアラーをサポートする方法はさまざまであるが、キテイ（岡野他監訳、２０１０：２９２〜２９３）が「ドゥーリア」(doulia) と命名したサポートも、ケアコミュニティの理念と相通じるものがある。ドゥーリアは産母をケアするドゥーラ (doula) に因んだ言葉である。ドゥーラは古代ギリシャで産母を世話する人であり、産母が新生児のケアに専念できるようにサポートしていた。語源は女子奴隷であるという。現代の言葉でいうと、ケアワーカーを派遣し、家族ケアラーの負担の軽減や部分的代替を図る制度、一言でいえばケアラーをケアする制度である。キテイはドゥーリアの原理を社会的協働の原理として捉え、公的分野のケア倫理として取り入れるべきだと主張する。

ケアコミュニティは課業目標と過程目標を共に持つ。前者は、当面のケア問題を解決することであり、後者は、ケア問題への対応能力を備えた市民を育てること、そしてすべての構成員が互いにケアする民主的社会を作ることである。このケアコミュニティこそ、真の共生社会である。

（本章の内容は科学研究費──課題番号：２０Ｋ０２２００の支援による研究成果の一部である。）

第2章 病者・障害者・不健康者との共生——ケアの人類学の視点から

村岡　潔

はじめに——ケアと社会

この章では、共生とケアの意義について主に人間集団全体の働きの側面から考え直してみたい。人体は、生物学や医学では様々な役割を果たす臓器・組織・細胞の構成要素からなる体系であり、相互に調和をとり恒常性（ホメオスタシス）を保ちながら一つの統一体として生きている。そこで、人間の社会を、人体に喩えた「社会体」として考えていく。すなわち「社会体」は、様々な単位の組織や諸個人が相互に連携し関連し合いながら一つの統一体として日々生活を営む共生の存在の場と定義する。

ではケアとはなにか？ ケアとは、日常、人体が周期的に必要な睡眠や休養のように、「社会体」内の共生の順調な運営に不可欠な調整機能の一つであり、「社会体」の内部から内発的な働きである。それは人体の治癒力・免疫力のように「社会体」の内部に様々に備わっている自発的な機能と言えよう。ケアとは、こうして「社会体」内で生ずる諸問題を解決するための役割を担っている。

この節では、なじみの医療・介護のようなヘルスケア（健康生活維持のためのケア）を土台にしながら「社会体」の中に、どのようなケアの提供者（ケアラー）が準備されているか、その分布をみていこう。世界は多種多様な社会体から成り立っているが、どの社会体にもヘルスケアの体系がある。人々は心身の不調を感じたときには、それらの体系を様々に利用し対処する。例えば、休養と家庭薬で治ると自己診断したり、さらに家族の助けを求めたりする。こうしたセルフケアでだめなら、病院に行こうかとなる。また、病院で治らないと、漢方や針灸など伝統医療を受けたり、神仏などに救いを求めることすらある。このように人々が心身の不調を感じたときに頼るヘルスケアは多種多様であるが、それらは、どの「社会体」にも従来備わっているインフラの体系と言えよう。

ちなみに、医療人類学では、こうしたヘルスケアのシステムを多元的医療体系という（医療人類学研究会、1992）。ここでは、不調に対するケアの形態を、医療よりも幅広いヘルスケアの体系を多元的ヘルスケア・システムと呼ぶ。ヘルスケアの対象は、病気・ケガや「障害」にとどまらず、これら以外の日常の心身の不調（不健康）を加味した不調全体となる。もちろん、それは、社会体が日々、解決すべき様々な諸問題に対処するためのケア全般の「多元的ケア・システム」の一部である。ヘルスケア以外のケア・システムとは、福祉サーヴィスをはじめ「社会体」の健康な市民が社会資源を利用する際のサーヴィスであり、保育・教育施設、刑務所等更生施設等々のサーヴィスから、交通、郵政・通信、運送、衣食住におけるケアや、旅行や娯楽施設などのサーヴィスや、家庭サーヴィスに到るまでの「社会体」全般の私的・公的サーヴィスにおけるケアが含まれている。

多元的ケア・システムおけるケアラー（ケアの担い手）は、以下の3つのセクターに大別される。すなわち、(1)アマチュア・セクター、(2)プロフェッショナル・セクター、(3)セミプロフェッショナル・セクターの三者で、これは医療人類学でいう多元的医療システムの3つの医療提供者のセクター分類（Helman,1984 ；村岡：2000）を広げたものである。

1．ケアの3つの担い手

(1) アマチュア・セクター

このセクターは、いわばアマチュア（非専門家、素人）のケアラーの領域である。医療シーンでは、人々が医師や針灸師など医療の専門家にかからず、自分の心身の不調という病気や不健康の問題解決を自分や身内で治療（対処、手当て）する場合である。どの社会体でも、このセクターで初めて、不健康や病気と判断され、最初のケア活動（プライマリ・ヘルスケア）が始まる。医療シーンのケアの約70～90％はここで対処されるという。ケアラーは、主に自分自身、ないしは家族等の身内の人々である。病人は、まずセルフケア／セルフメディケーション（自己処方＝自己判断で選薬し服用すること）を試みる。手に負えないと身内以外の人々（友人・隣人・職場の同僚、等）に助けを求める。

さらに、このセクターには、患者の会や断酒会のような自助（セルフヘルプ）グループによる相互ケアの活動もあり、専門家がボランティア活動をしたり、非専門家で特定の障害や症状の治療についての知識や経験が豊富な者が相談に乗ったりする。あるいは、がん患者と家族など当事者同士で集まって語り合う形の様々なカフェもこの部門に所属する。

このセクターでは、ケア全般が、もっぱら家族や仲間うちで行われるので、ケアの担い手（例えば治療者）とケアの受け手（例えば病者）は、健康や病気の概念、ケアの理論や治療法についての共通認識がある。このことは、後日、役割が逆転し、昨日、ケアを受けていた者が、経験を生かして今日はケアラーとなることも可能とする。また、この部門のケアラーは生業ではないので、ケアの費用は、原則、無料である（御礼の贈答はありうるが）。

このセクターでは、従来の育児や高齢者介護なども家庭内で行われている。そのケア労働の「女性への過剰負担」というジェンダー格差は緊急に解決すべき課題である。また、この格差は他の（2）や（3）のケアラー・セクターにも共通した問題である。さらに、昨今の課題は、高齢者同士のいわゆる「老老介護」、病人同士の「病病介護」、あるいは、主に子や孫が自分の人生／生活を犠牲にして親兄弟や祖父母等の身内の世話をするヤングケアラーの問題がある。これらは、ケアラー自体が、過度のケアで疲弊し、実態は、逆に助けが必要な「ケアの受け手」の状態だという矛盾を抱えた問題であり、他のプロフェッショナル・セクターなどの介入や支援が求められている。

（2）プロフェッショナル・セクター

このセクターは、国家などの権威のある一社会体から公に認可された専門職が、ヘルスケアの提供者となる部門である。医療のシーンでは、現代医学（近代西洋医学）の医療専門職の部門が相当し、そこに属するケアラーには、医師職だけでなく看護職・薬剤師・臨床検査技師・理学療法士のような公認されたコ・メディカルの専門職も含まれる。また、現代医学以外にも、東洋医学（アーユルヴェーダや針灸などの伝統医療）の治療者で専門職と公認されたケアラーもこの部門に属している。

西洋近代の伝統では、医師・法律家・僧侶の三者は専門職というカテゴリーに位置づけられてきた。専門職には、特別な知識・技能があり、通常、社会から「高い地位」が与えられ、業務内容や勤務条件に関して自らに決定権をもち、非専門家の一般市民や行政から指図や干渉を受けないという、職能集団としての自律性（オートノミー）が保障されてきた。その自律性を確保するために、専門職集団は、一般に考え方を統一する学会組織をもつ。学会は、自分の専門分野の知識や技術をコントロールし、共通の利益を増進させ、知識の独占形態を保持し、入会資格を設け（新人への免許付与など）、部外者の参加や競争から自分たちを守り、さらに、会員の適格性や職業倫理を管理している。その自律性は、教育体制によっても堅持される。教育は、専門領域の知識と技術を確保し、正統な後継者に、専門職資格を与え、自らの学会に登録することで、その専門領域の業務や名称の独占的な地位を保障している。

プロフェッション（専門職）の典型は、こうした資格特性をもつ職能集団のことだ。単に技能に優れた者（俗に「○○のプロ」）を指すのとは本質的に異なる。後者は、別に「○○のエキスパート」と呼ぶ。

ヘルスケアの領域の公認ケアラーには、医師に加え、看護師、薬剤師、臨床検査技師、保健師、助産師、理学療法士、作業療法士、言語聴覚士、公認心理師（臨床心理士）、栄養士、義肢装具士、社会福祉士（MSWやPSW含む）、介護支援専門職（ケアマネージャー）、介護士（介護福祉士やホームヘルパーや介護職員初任者）、リハビリテーション工学士、職能訓練士等々、様々な職務の専門職がある。

ヘルスケアの領域では、一般に、これらの職種が連携してチーム・アプローチでケアを行うことが多くなっている。チーム・アプローチは在宅医療の場では常態で、ホームドクター、看護師・保健師、社会福祉士等のケアラーが地域社会に深く根を下ろし、病院の場合より、担当するケアの受け手（患者・利用者）と日頃からよくコミュニケーションをとっている。彼らは、患者の抱える問題の社会的・家族的・心理的問題をよく理解しており、その対処にもよく長けている。さらに、この分野の広義のケアラーには、公認の資格をもつ弁護士、公認会計士、保育士、幼稚園教諭、小・中・高の教諭、警察官、消防士・救命救急士など、ケアの多方面の多種多様な専門職が含まれている。

プロフェッショナル・セクターのケアラーの働きも社会体の一部であり、社会の他の側面から切り離して考えることはできない。ケアは、それが公認され実践される社会の価値観や社会構造の特徴を表し、各国や各社会の支配的イデオロギー（民主主義、資本主義、自由主義、福祉国家、民族主義、国家宗教、専制主義等々）に従って、異なるヘルスケアの形態を生み出すことになる。西欧や日本のような一部の社会では、ヘルスケアは、市民の基本的人権として、貧困者や高齢者にも無料ないしは比較的低料金の医療保険等で保障されているが、世界の多くの国では、その大多数は、専ら裕福な層に配分され、貧困層はヘルスケアの恩恵から締め出されている。

(3) セミプロフェショナル・セクター

このセミプロフェショナル（以下、セミプロ）・セクターは、（1）アマチュア（以下、アマ）・セクターと（2）プロフェッショナル（以下、プロ）・セクターの中間に属するケアの部門である。アマ・セクターとの違いは、セミプロ・セクターでは、通常、ケアを生業としている点である。また、プロ・セクターとの違いは、ケアのエキスパートだが、ほとんど公認の資格を持たない点にある。

この領域でもヘルスケアは多彩なケアラーが担う。例えば、世俗的（非宗教的）ケアラーとしては、あんま、接骨、オステオパシー、カイロプラクティクス、気功法、野口整体、アーユルヴェーダあるいは英国式リフレクソロジー等々の治療師、さらには漢方薬などのハーブ（薬草）、アロマ、音楽、フォト、アニマルなどのセラピスト、エアロビクスやフィットネスのインストラクター、ネイリストなどのケアラーがいる。世俗的ケアラーの役割は、主に、クライアントの身体的精神的な問題を解決に導くことである。

また、宗教的ケアラーとしては、仏教の僧侶や臨床宗教師、キリスト教の司教・牧師、神道の神主・巫女、民俗信仰のシャーマンが代表的である。シャーマンとは「神や精霊」という超自然的な存在と「直接交信し病気治しを行う」とされる宗教者で、日本では、修験道の行者、東北地方のイタコ、南西諸島のユタなどが知られ、自然環境や超自然的存在（神、霊、先祖の怨霊）がクライアントに与えている悪影響を解読し、その不幸や病気の災いの源泉（災因）を解説・解決することでケア役割を果たす。また民間的ケアラーには、従来の占星術、手相、タロット等々の占い師、近現代のメディア・ヒーラー（SNS・電話／新聞／雑誌／TV／ラジオ等の健康・運命相談）がいる。

これらの宗教的・民間的ケアの役割は、クライエントの不幸の原因を本人の行為にではなく、個人の制御の枠を越えた宿命（運命）などに置き換えて解説し、その呪縛自縛から解放しようとするものだ。またクライエントの過去の行為と現在の問題とを関連づけて説明することで、本人が抱いている近未来の懸念をコントロールし癒すことにも役立っている。

さらに、このセクターには、患者の会や断酒会のような自助（セルフヘルプ）グループによる相互ケアの活動や、非専門家だが特定の障害や症状の治療について知識や経験豊富な人物が相手をするボランティア医療相談もある。プロ・セクターのケアラーによる個人的で無償の健康相談やケアも同様だ。

ところで、この3つのセクター間には、身体的ケアはプロ・セクターで受け、精神的でスピリチュアルなケアはセミプロ・セクターやアマ・セクターに求めることも少なくない。このように、3者は相互に補完的な役割を果たしているのが多元的ケア・システムである。例えば、ある人が足を骨折した場合、体はプロ・セクターの整形外科で治してもらうのだが、彼の内心では、まだ、その時自分が「なぜ骨折したか」という災因については何ら解決していない。そこで、別途、セミプロ・セクターの宗教的ケアラーに相談し、そのケアを受けて、初めて納得し骨折の問題は全て解決するのである。

以上、ケアの諸相について、便宜上3つのセクターに大別して述べてきた。このようにケアは社会体において日常、いたるところで繰り返されている社会全体の働きである。ヘルスケアをはじめとする日常的ケアの総体によって社会体が新陳代謝されて、そのホメオスタシスが堅持されているのだ。

この前提をふまえ、本章では、ここからは一般にケアの主流スタイルと目される「専門職によるプロ・セクターのケア」に焦点をあて、共生とケアの関係と意義について考えていきたい。

2．ケアの授受の背景――We/They 2分法、文化的生態系、異邦人原理

なぜケアが行われるか？　それは、いうまでもなく社会体に病気・障害及び不健康の人々が構成メンバーとして共生するからだ。一般に、ケアは「弱者」としての彼らに対する支援・手助け（help）であり、その行為は社会の使命で、福祉的・道徳的な善行とされているが、本節では、それらの人々とのケアの授受は、社会体のニーズとしての補修メインテナンスの働きと捉えなおす。人体と同様、補修は社会体が常に抱えるニーズだからだ。では、そうした病気・障害・不健康なる人々は、社会体では、そうでないとされる健康者・健常者とどう区別されているのか？

そこで、まず、こうしたケアの動機となる正常と異常という差異が生じる人間集団の基礎のしくみとして、どの社会体にもみられる2つの法則をおさえておきたい。その1つは、（1）We（身内）/They（他人）2分法、もう1つは（2）文化的生態系というしくみである。

（1）We/They　2分法

これは日常よく見られる「身内対他人」という分け方で、一般に、社会では相手を、親子など自分に近しい存在 We とそれ以外の他者 They とに大別する働きがある。アマ・セクターでのケアの様式のように、他人より身内のケアを優先する動機ともなる。一方、医療や福祉のシーンで「健康者」対「患者・不健康者」や「健常者」対「障害者」と分ける文化社会的慣習も We/They 2分法の流れである。プロ・

セクターでは、自らがケアの専門職となるため、逆に、ケアの対象は他者 They となる。この他者である患者・障害者・不健康者には「社会体でケアされるべきニーズがある」とされる社会的弱者の役割が与えられている。社会体では一般に、ケアの対象はマイノリティ（少数者）と位置づけられている

ちなみに、本章で言う不健康者とは社会体で、病気とまで言えないが社会体の規範から逸脱し、それゆえに健康でないとされる生活様式（ライフスタイル）の持ち主を指す。それは、医師による「生活習慣病」（村岡、2012）予防の指導に従わず、病気の予備軍（未病）とされる人々であり、特に、ヘビー・スモーカー、「アル中」、ホームレス、非行少年などとラベリングされるような人々である。また、LGBTQなどの性的マイノリティの人々も、かつて病気・不健康とされたし、今も社会体のイデオロギー（虚偽意識）によってはそうみなされ続けている。

また、親が、障害児となりうるとされる胎児を出産し「We の側」として手厚くケアする選択が見られる一方、今でも優生思想の持ち主が患者や障害者を「They の側」として扱うことが続いている。この場合の治療（対策）は、They の側を排除するような「負のケア」の形となる。近年では、国策といった上からの指示よりも、市民の自己選択として働く「新優生学」（村岡、2010）の見地から、胎児の我が子の出生前診断を行う。そこで「難病の染色体や遺伝子」が見つかると、わが子なら通常「We の側」のはずが、They の側として受精卵廃棄や中絶がなされる場合が少なくない。

こうした負のケアが、いまだに、「社会防衛」に役立つと信じる者もいる。だが、実際には、中絶から「安楽死」に到るメンバー排除（負のケア）によって、社会体から病気・障害・不健康といった「負の遺産」を根絶することは歴史的経験的にも理論的にも不可能だ。なぜなら、これらの問題状況は自然発生

ではなく、例えば、結核が治るようになると、次にそれまで注目されなかったガンが問題視されるというように、常に問題状況が社会的に設定されて来るからだ。また、遺伝病Xの全メンバーが社会体から（あり得ないことだが）抹殺されたとしても、このWe/They 2分法のような社会体の分別機能によって、また別の問題状況が社会的に構築（構成）され再生産されるからでもある。

このようにWe/They 2分法の慣習は、ケアの契機に大きく関わっている。この二分法は社会体における人間生活の基礎だが、他方で「男／女」「白人／黒人」「日本人／外国人」「味方／敵」のように主体と客体を差異化し仕分けし、社会的な差別や格差や分断を生み出す元にもなっている。また、自己の体内でも機能し、文化的慣習の「キレイ」対「キタナイ」の対比もこの二分法に属す。体内（口腔内）の唾液はキレイだが、（細菌学的にみれば同一だが）口から出た唾はキタナイ。他人の息は臭いが自分の呼気は平気だ。同じ身体も、好きな部位／嫌いな部位、正常な部位／異常な部位に区別される。

なお、医療や福祉のシーンでも、ケア（治療や介護）の「与え手」対「受け手」の二分法が働く。大学医学部や福祉学部の学生はケアの与え手になることを目的に学び、その過程でケアの受け手の識別方法を習得する。しかし、医療や福祉が、そのケアの性格上、歴史的に対象者を異常や障害と仕分けしてきたのは慣習上の便宜でしかない。その仕分けが可能なのは、対象者の全体（心身や人生）の大部分を見ないで、唯一、注目するケアの授受の場面しか見ていないからである。

言い換えると、一方に完璧な健常者が存在して医療者や介護者となり、他方に治療や介護を受けるだけの患者や障害者なる完全な弱者がいるとする恒常的で非対称の構図はフェイクなのである。実際の社会体では、人々はお互いに足りない部分を補い助け合って互酬的に生きているからだ［後述］。

（2）文化的生態系

前項の We/They 2分法の世界観では、「We」と「They」が別個の集団として存在するといった前提がある。すると「健康者」対「病者・不健康者」、あるいは「健常者」対「障害者」のように、それぞれ相対立する2つの集団がれっきとして存在するかのような錯覚をおこす。この観方は、糖尿病の患者群と、正常人の集団が別の「人種」のようなイメージを与える（19世紀には、各病気を種として分類する試みもあった）。しかし、19世紀後半、生理学者C・ベルナールらの働きによって「正常状態からの一定の量的偏差（カタヨリ）がすなわち病的状態だ」という新しい見方が生まれてきた。正常者と病者には We/They 2分法で見た質的違いはなく「両者には量的な違いしかない」という思想である。

この考え方は、例えば糖尿病患者は、同一の社会体（集団）の一員が量的に変化したものだという「発見」である。今風に言えば血糖値やコレステロール値が（社会体が恣意的経験的に設定した）選別点（境界点）を超えると糖尿病や高コレステロール血症と診断され、薬物治療等で検査値が正常化すれば正常人に戻る。つまり、患者の位置も健康者の位置も隣同士で連続していることを意味する。

この連続性は、統計学上の理想的な分布の正規分布（ベルカーブ bell curve）からも見てとれよう。その分布のカーヴ〔図1〕では集団の全メンバーは、中心の平均値のまわりの左右4区画に全数の約95％が集中し、その外側の左右4区画に約5％が離れて分布する。それによって、従来、臨床検査値では、中心の周囲95％を正常値とし、その外側の両側5％を異常値（検査結果の表で＊／L（低値）／H（高値）などと示される値）とするような操作的方法が行われてきた（現在は、恣意的にこの幅が増大されているが）。

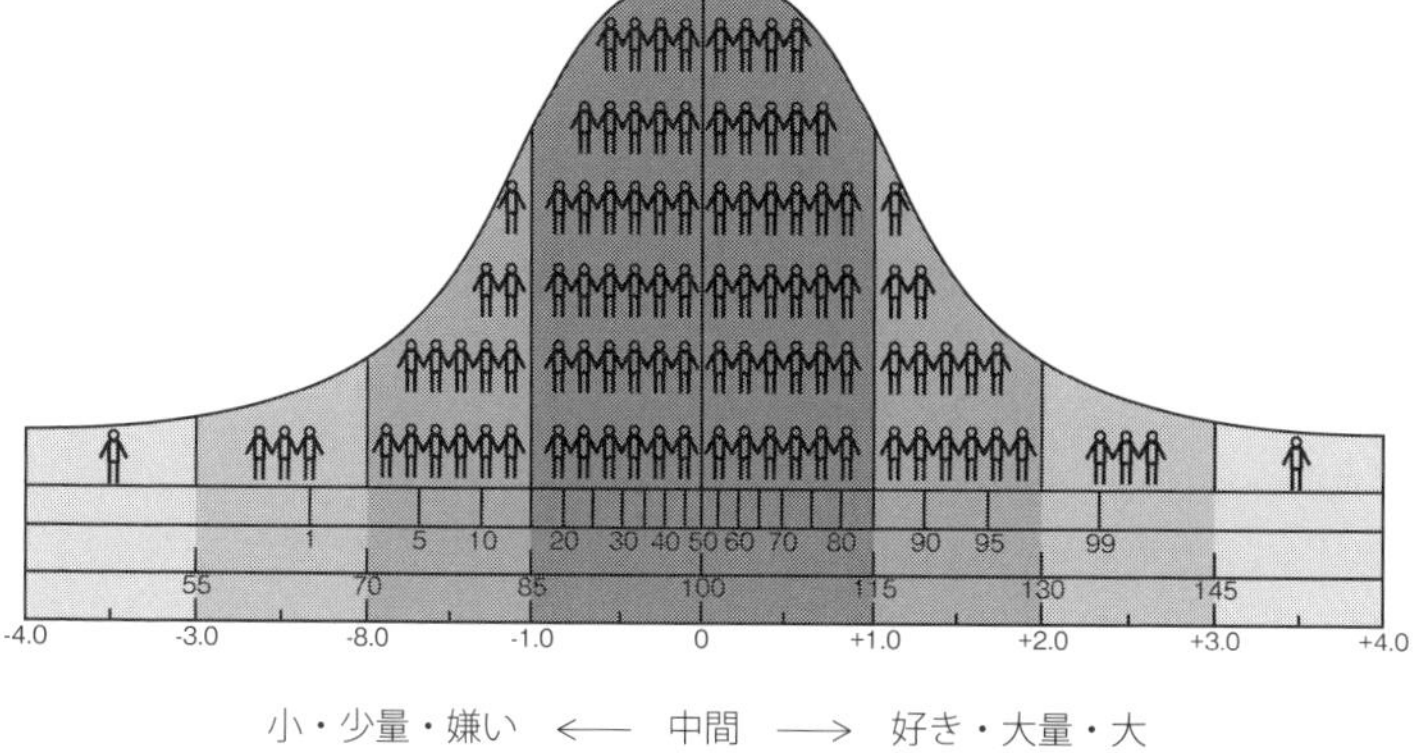

図1　ベルカーヴ

出所：http://oregonmedicalcoordinatorllc1.blogspot.jp/2015/06/blog-post_19.html

この分布は、主に、前記の臨床検査値や体重、身長などの計量可能な比例尺度（数値）で使われるが、人々の選り好み（選好：preference）などを示す、美しい、美味しい、優しい、こころが痛い、ハラスメントがひどい、等々の主観的な選好データも、大多数が、その程度を点数化して間隔尺度に変換することでベルカーヴ様分布を描くこともできる。それが〔図1〕のカーヴの下に記した一次元直線上の

小・少量・嫌い ← 中間 → 好き・大量・大

という「選好スケール」に相当する。例えば、ある変数Xの選り好みについて、その集団のメンバーに尋ねるなら、小・少量・嫌いの左端の大嫌い＝〔0〕から、好き・大・大量の右端の大好き＝〔9〕のまでの分布は、中間の〔5〕のまわりが大多数で、そこから左右端の〔0〕や〔9〕に向かううちにだんだん数（度数）が少なくなる傾向がみられるはずだ。

さて、以上の統計的知識をふまえると、ここで言う文化的生態系とは、次のような社会体を指す。すなわ

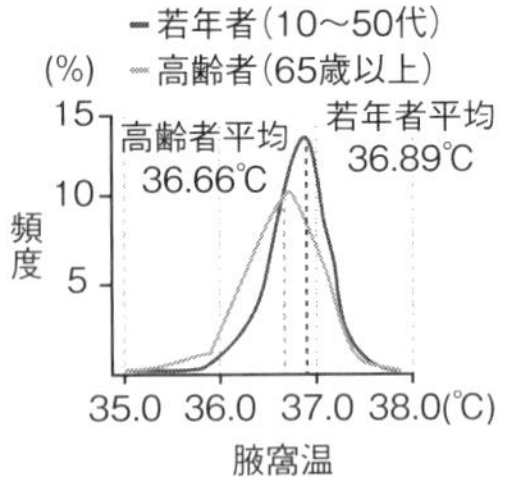

図２　成人と高齢者の腋窩温の比較

出所：https://www.katoiin.info/blog/2020/04/post-86-728961.html

ち、1つの社会体集団について、前記の客観的な数値特性の比例尺度や、主観的特性を点数化した間隔尺度で示される、任意の大多数の「変数X」で構成メンバーを調べたときに、その結果のほとんどが、ベルカーヴ類似の分布をなす状態のことを言う。これを簡単のために「ある集団を変数Xで切断すると、その切断面はベルカーヴ類似の分布を示す」と表現しよう。

言い換えると多くの社会体は文化的生態系であり、形態学的にも、低体重の痩せた人から体重の多い肥満体の人まで存在するが、大半は、中間部分の平均的体重分布に含まれる。身長や血圧同様、体温〔図2〕の分布も同形である。また、臨床検査データの血糖、コレステロール等の数値の分布も同じである。さらに、本章では、主観的な趣向や趣味の選好データや、あるテーマや見解への賛否、左派か右派かの思想的度合いの分布なども多くが、ベルカーヴ類似の「選好スケール」に従う変数とみなしている。

社会体で、①こうした多様な特性や選好や意見が混在していること、また同時に、②中央に中間派的な多数派、左右端に相対するような少数派の構成員分布を示すこと、こうした社会情況が文化的生態系の姿なのである。一方、19世紀以来、身体の計測値が全て平均値からなる「平均人」が理想化されたり、平均値から隔たるほど病的とみなす観方の出現によって、ベルカーヴ類似の分布の左右端に位置する少数派は理想的ではなく逸脱した異常値の持ち主とみなされる傾向も生まれたことになる。

すなわち、通常の社会体の文化的生態系では、多数派が「正常」で少数派が「異常」という、We/Theyという構図になりやすい。こうして常にケアされるのは、「患者」や「障害者」という少数派で弱者という2分法的な対立図式が復活することになる。これでは、言うまでもなく、多数派が少数派をケアするということになる。しかし、本章の提起する文化的生態系の意義は、変数Xによる切断面で左端の少数派に位置づけられた構成メンバーも、別の変数YやZの切断面では中央の多数派に属する可能性も十分あるということなのだ。どのメンバーも変数X（例えば視力）では少数派（例えば視力障害者）とされても、変数Yでは平均的、変数Zでは、右端の優位な才能の示す少数派となる可能性もあるということだ。英語の「disorder」は、マイナス・イメージの「障害」と訳されがちだが、本来「order」は「常態・秩序・規則」の意味があり、dis-order はベルカーヴの平均的な中間から離れた左右両端の少数派という意味に過ぎず、「サヴァン症候群」と呼ばれ芸術的才能等で活躍する人々も含むのである。言い換えれば、偏差値70以上と偏差値30以下も、同じく dis-order なのである。

このことは、昨今よく言われる「みんなちがって、みんないい」（金子、1984）というスローガンとつながっている。みすゞは、自分はお空を飛べないが、飛べる小鳥は地面を速くは走れないし、自分はきれいな音は出せないが、鳴る鈴は唄を知らないとその詩で謳う。それぞれ持ち味があるから、皆が違っていてそのままでよいというのである。これが、文化的生態系のあるべき姿なのだが、ケアには、小鳥に地面を速く走らせたり、鈴に唄わせたりするように、ケアラーの考える基準に矯正する側面もある。

(3) 病気・障害・不健康という仕分けの問題

そこで、社会構成(構築)主義の立場から、ケアの契機であり対象となる病気・障害・不健康といった仕分け labelling の意味についてみてみよう。この種の命名は We/They 2分法や文化的生態系から出てくるものであり、仏教的には「苦」を伴ったものである。ちなみに「苦」とは、仏教的には身体的精神的な病気や痛みにとどまらず、その人の「思い通りにならない情況」の全てを指し、人類学的には「災い」のことでもある。ここでは、病気(とケガ)・障害・不健康を「三苦」とし、この三苦を担う者を「類的病者」と呼ぶ。

まず類的病者は社会体の集団(複数のメンバー間)で生ずるものだ。例えば、ある人Aが他に人がいない孤島で暮らしている場合、Aが自らの体調の変化を三苦と認識することは難しいと言えよう。それはまず三苦が他者との比較を前提としているためだ。Aは、他者Bたちと比べて初めて、視力が良いとか、走りが遅いとか、太っているとか、アタマが悪いとか言えることになる。誕生後にケガで手足を失くしたような場合は自覚可能だが、出生直後から身体の一部が欠けていても四肢の欠損という認識は単独だとむずかしいはずだ。

このように類的病者が、他者との比較の上に成立し、そうでなければ三苦は成立しないものだという説明モデルを、ここでは「無人島原理」と呼ぶ。昨今、SNSで加工され「自分よりキレイでカッコいい同世代の写真や動画」を見たショックで「うつ」になるのも無人島原理で説明が付く。症状があるがＰＣＲ検査をしなかったので新型コロナウイルス感染症と診断されなかった場合も同様だ。一般に血液検査や画像検査で異常の有無を判断するには、他者の大量のデータからの平均値や標準画像との比較が必要不可欠だ。このように医学や「障害学」は、無人島原理に基づいて、歴史的に集積した無数の他者（とりわけ患者や障害者）のデータの比較研究から経験主義的に集大成されるのである。

また、ヨーロッパに「住人全員が六本指という村」があったという話を聞いたが、この社会体では絶対多数を占める六本指のほうが正常（規範）となる。このように文化的生態系で多数派を占める側が、他の社会体と比較されずに、見慣れた自分たちの姿形を「正常」とみなす慣習を六本指原理と呼ぼう。実は、多くの正常や標準値の概念がこの原理で説明可能だが、天動説から地動説への転換のように、新たな発見や理論（説明体系）の出現で、正常から異常に逆転する可能性を秘めているところにこの原理の真義がある。

類的病者を考える上で、もう一つ重要なものに異邦人原理がある。例えば、人間からは決して住み心地のよい場所とは言えない洞窟に棲むコウモリの群れがいる（以下、コウモリを擬人化して「異邦人」とみなす）。そこは、コウモリ族から見ると、人間はじめ視覚を優先して生きる他の動物などの天敵は暗くて近よりがたく、逆に、空中を飛行し超音波で交信（反響定位、エコロケーション）し仲間や物や場所や同定するのに都合がよい。つまり、コウモリ族には、洞窟は理にかなった快適な場所である。また、人間の場合、英語が通じない日本人が、日本語が通じない外国人と出会ったとき、通訳なしでは会話は不可能でコミュニケーション障害が生じる。しかし、母国語は話せる両者には、母国では言語障害も意思疎通の障害もない。

異邦人原理とは、このように、それぞれの社会体では「障害」がなく「健常者」とみられる外国人同士が遭遇すると、ある種の外在的条件が「障害」が生むしくみをいう。人間と意思疎通ができない「異邦人」たるコウモリ族は聴覚を優先する環境世界（社会体）では「健常者」として生きており、かつ、視力が弱くても、その一点をとらまえて「視力障害」動物と言われることもない。それは、コウモリ族にとって、洞窟を含め、充分、生活が可能の最適な環境世界が確保されているからだ。また、外国人同士も、コミュニケーション障害が生ずるのに「言語障害あり」とされないのは、それぞれが母国語が通じる「環境世界（ユクスキュル）」に住んでいるからである。このように異文化同士の遭遇によって、初めて三苦を生じさせるしくみが「異邦人原理」なのである。

では、なぜ人間の場合、失明か極度な視力低下の場合、聴覚やそのほかの感覚で世界を認識して生活している存在を、「視覚障害」がある「障害者」と位置づけるのか。おそらく、十分視力のある「晴眼者」と違い社会体の平均的なインフラ生活空間では普通には暮らしにくいからだ（そう判定するのは「晴眼者」の視点だが）。また客観的には、眼科的検査によって視力障害が証明されるしくみもある。

しかし、失明者の「世界認識かつ活動能力」は、晴眼者より相対的に劣っていると言い切れるであろうか。この「世界認識かつ活動能力」とは、自分の置かれた環境世界を自分自身で生活に支障なく認識しその環境世界の中で充分生きる活動ができる全能力を指す。それを簡単のために「五体満足の健常者の全能力Z」としておこう。この健常者Aの全能力Zに対して、一方に失明した人Bがいて、その全能力をXとする。この時、晴眼者側が、Z＞Xと推定することは想像に難くない。この（Z－X）の部分は「視力が健常者にもたらす能力」に相当する。それゆえに、ほとんどの社会体では、Bのことを「視覚障害者」と位置づけてしまうのである。

しかし、現実にZ＞Xなのだろうか？ 無論、中途失明者が視力を失った直後であれば、そうだろうが、生来ないしは長期間、視力に頼らない生活をして来た視覚障害者の世界認識並びに活動能力は、健常者の全能力Zとは異次元で「異質の展開Y」を遂げているに違いないと想定される。すなわち、視覚障害者の全能力は単にXではなく、X＋Yということになる。そうした時、単純に、Z＞（X＋Y）と言えるだろうか。少なくとも、この晴眼者の世界で、健常者に伍して生活している「視覚障害者」にとってはそのような不等式は成立しない。晴眼者は、普通、点字は読めないし、音による環境変化の察知に長けてはいまい。つまり、全能力の次元が変化しているので、Zと（X＋Y）を単純に同じ次元で能力比較することはできないからだ。言い換えると、晴眼者の環境世界αと視覚障害者の環境世界βとは、集合論的に相互に重ならない部分ができていると考えられる。

視覚障害者が、晴眼者と同じ環境で暮らしに不自由を強いられるのは、その人自身の視覚の解剖生理学的な構造に問題があるからというより、その世界のインフラが視覚優先の仕様であり、晴眼者専用に設計されていることの影響が大きい。そこで、提案したいのは「視覚障害者」というネガティヴな名称は止めて、ICF（国際生活機能分類）に習い、「聴覚優先者」といったポジティヴ指向の名称に変更したらどうかということだ。すると「晴眼者」は「視覚優先者」と呼ばれることになろう。

こうした視点の見直しはケアのあり方にも影響を与える。従来の「視覚障害者」のケアは、医学的には視力の回復を図ることであり、福祉的にはその人の目の代理をすることであり、音声案内や本の読み聞かせや、プラットホームの転落防止のためのホームドアなどの設置など、多彩なアイデアが実現されてきている。それ自体は決して悪いことではないが、視覚優先のインフラで構成される環境はそのままとなる。視覚が回復する場合はともかく、視覚回復が見込めないケースの聴覚優先者は、その限りにおいて従来通り、一定程度の制限（バリア）に遭遇することには変わりはない。

一方、異邦人原理に従えば、聴覚優先者には、むしろ聴覚にフレンドリーな環境世界が保障されるべきであり、視覚優先者仕様とは別個に聴覚優先者仕様のインフラやユニバーサルデザイン（UD）を設ける必要がある。現人類は、コウモリ族のような超音波の聴取はできないが、将来的には情報技術ＩＴや人工知能ＡＩを駆使したエコロケーション等で外界を音像（映像）化したイメージを得て活動することも可能となろう。これが、先述の全能力（Ｘ＋Ｙ）の付加部分Ｙの一例である。また聴覚優先者に対するケアラーには、こうした聴覚にやさしい環境世界の調整部門も加味される必要があろう。

以上、異邦人原理をふまえながら、五感の内の視覚の問題を中心に述べてきたが、その他の「感覚の障害」や「肢体不自由」を含めた身体の問題にも同様なケア（対処方法）が求められている。それは、ケアラーがその個人の日常生活上のニーズに即時的に答え支援することはもちろん重要だが、それにとどまらず、ケアの受け手に支障をもたらしているインフラ環境の整備調整をも行い、その人にとって住みよい環境世界を構築することが要請されるからである。なぜなら、異邦人原理とは「異邦人がいろいろと不自由なのは外国に来ているからで、その人は母国に帰ればそうした不自由ではないはずだ」という原理だから、聴覚優先者が不自由なのは視覚優先者の世界に居るからなのだ。したがって、根本的なケアは聴覚優先者にとってのノーマルな環境世界の提供となる。これは、三苦の持ち主をネガティヴ視せず、その誰もが同等に生活ができる社会をめざすノーマライゼーション（本書、第5章を参照）の一様式なのである。

3．共生とケアの授受の代理苦理論――ケアラーとケアリーの互換性をめぐって

人類は、社会体の中で自他同士常に相互に関わりあいながら生きている。これが共生の礎である。ここでは、共生する人間同士を類的存在（マルクス）と呼ぶ。また病気・障害・不健康の三苦を体現している人々を《病者》とまとめるなら、先述の《類的病者》となる。ケアの営為は、その社会体の新陳代謝の働きであり、その対象者が《類的病者》である。前節までに見たように、そのケアの担い手、すなわちケアラー carer は、ケアの受け手と同じ社会体に共生するメンバーである。ここでは簡便のため、ケアラーに対して、ケアの受け手を「ケアリー caree」とも表現する（これは、英語の雇用主 employer に対応する被雇用者 employee の用法に基づく造語である）。

この節の目的は、この両者、ケアラー対ケアリー関係の非対称性に関する考察であり、次の代理苦理論や、後述のケアの交換理論、等を用いて両者の対等性について検討するものである。

犠牲者非難イデオロギーと「代理苦理論」

社会体の中で、ケアの受け手の社会的役割を演ずるケアリー、すなわち《類的病者》は、ケアの恩恵

を被るだけで、社会に貢献しない「お荷物」とみなす根強い通念がある。例えば、ユートピア（トマスモアの理想国など）の世界でも社会のお荷物扱いされ、ナチス・ドイツは精神病患者やユダヤ人に「生きるに値しない生命」との烙印を押し迫害し殺戮もした。20世紀の日本におけるハンセン病の歴史でも然りである。《類的病者》に、こうした「負のケア」という対処・行動様式をもたらす社会体の思想には優生思想や「犠牲者非難イデオロギー Victim Blaming Ideology」（村岡、２００１）がある。

後者の犠牲者非難イデオロギーは、《類的病者》に自己責任を問う論理である。それは、当の犠牲者（victim; 被害者・被災者・患者、あるいは障害者を指す）本人にそれを招いた契機・原因・責任・運命があるのだから、その結果、当事者が被る身体的・精神的・社会的な負担および不利益は、その個人が全面的に引き受けて当然とする。このイデオロギーは、「疾病の個人主義」、すなわち、病者は類的な存在ではなく、病気は個人単位に限定された出来事に他ならないとみなす皮相な考え方で、前節までに考察した《類的病者》が社会的に構成されたものだという「共生の原理」を無視したものだ。

では「共生の原理」の妨げとなる、こうした自己責任論に対抗する理論として何があるか。するとまず浮かぶのは、従来の人道主義であり、社会主義的な福祉政策の理論であろう。しかし、これらの福祉思想でも《類的病者》は、依然、救済されるべき「弱者ケアリー」として救済者ケアラーの下位に位置づけられてしまう。これでは、その自己責任論が一定程度、緩和されただけにとどまる。

ちなみに、同様なケア（救済活動）を行う仏教者の「自利利他の思想」は、救済的行為が他者への援助となるだけでなく、自分自身の修行でもある点で従来の人道主義とは質的に異なる。僧侶の大下大圓によれば、平安時代には「病者、貧窮者は、われわれ健常者がとうていできない苦悩を代わって受けてくれるという代理苦救済の思想」があり、それは「日本人の心情に訴え、多くの慈善活動を生み出す背景になった」という（大下大圓、２００５）。

仏教では、他者を利し、生きとし生けるもの一切の衆生（しゅじょう）を救う行為を「利他行」とか「利行」と呼ぶ（中村、１９８１）が、さらに後世の民話「身代わり地蔵」につながる。その地蔵菩薩は、衆生を救うために現世で活躍している仏である。注意すべきは、《類的病者》が地蔵菩薩に救われるという構図ではなく、《類的病者》こそが利他行を行う「身代わり地蔵」という点だ。利他行為とは「ある行動・状態を演ずる行為者が、それ自体は自己を犠牲にしつつ、その結果として共同体の成員に大きな利をもたらす」という意味である。

《類的病者》が健常者の身代わりをしているという仏教的理論は、犠牲者非難イデオロギーの観点が示す「健常者」と「病者や障害者」との位置関係を逆転させる。つまり、ケアの受け手のほうが、ケアの担い手の健常者が負うかもしれなかった三苦という重荷を代わりに背負っていてくれるという逆転の構図となる。こうしたケアラー対ケアリーの変換をもたらすのが「代理苦理論」なのである。

この逆転の構図について、代理苦理論からダウン症を例に見ると、日本の現状では「１０００人生まれた赤ん坊のうち、平均１人がダウン症となる」という避けがたい状況がある。この時、「ある１人Ａがダウン症になること」と、「他の残りの９９９人がダウン症にならないこと」は、同一事象とみなされる。ということは、千人のうち、Ａがこの病気を引き受けた結果、その他のメンバーはダウン症にはならずに済んだ（他の病気はありうるも）という相関関係が生まれる。これはＡやその親にとっては偶然の結果だが、文化的生態系の一断面である、ことダウン症の切断面では結果として「９９９人を救う」利他的行為があったと解釈されよう。

こうした説明は、当事者Aや親の直接的なケアにはつながらないとしても、「社会体」の総体から見るとA以外の999人に起こった潜在的なケア現象と言えよう。このダウン症発症比（1対999）が、日本で一定期間ほぼ一定比率で見られているということは、ダウン症は社会全体とは全く無関係でランダムな発生の結果ではないことを示唆する（むろん代理苦理論の統計的証明にはならないが）。

このように代理苦理論は、犠牲者非難イデオロギー（自己責任論）の対極にある。朴光駿（2012）も、代理苦理論を「仏教的障害者観」として位置づけて、ダウン症でない人々が代理苦の思想を受け入れるなら「自分たちはダウン症の障害者に対してある種の借りを作っていて、何かお返ししなければならない」と認識することになろうと指摘する。また、社会福祉の受給者を社会の荷物とみなすことは、現代社会においてもしばしばみられるが、これは貧困などの社会問題に対する社会の責任を認めず、その問題の犠牲者にその責任があるという考え方なのだと指摘している。

代理苦理論によれば、《病者》は、その存在自体、代理苦（利他行）を通じて、すでに健常者群を支えるという社会体のケアに貢献している。この点で健常者には《病者》に対する負債（恩義）が生じてくる。健常者は、例えば《病者》の治療や生活支援等によってその借りを返済すべきものとなる。通常は、ケアラーがケアリーにケアを行うのだから、ケアリーがケアラーに「恩」を感じ、何らかの返礼をするのが「ご恩返し」となる。これは、当のケアラー対ケアリー間の直接的交換の形をとるが、ある件でケアリーが受けた恩を、別の事案で今度はケアリーが、ケアラーとなって他のケアリーにケアを行う場合は「ご恩送り」と呼ばれる。代理苦理論により、《病者》に対して健常者が手を差し伸べるというケア行為は「ご恩返し」よりも、「ご恩送り」のスタイルに近いものとみなされよう。ここに文化的生態系における「弱者救済すべし」という倫理や福祉の起源があるように思われる。

つぎに、ケアラー対ケアリー関係を「交換」という「ご恩送り」の側面から見ておこう（村岡潔、2004）。ケアの授受においては、ケアリー側は、ケアラー側からケアを受ける立場にあるため、その関係は、まずケアの専門知識や技術からみて一般に「利益を得るのは一方的にケアリー側という非対称」の営為とみられている。そのため、ケアリーは治療費や介護料などをケアラーに支払い、金銭的による形式的な対価交換が成立するが、飲食店の場合とは違い、ケアの恩を受けた意識は残留する。

一方、医療者というケアラーは、大学の医学部や看護学部等で学んだだけでは、ケアの専門職として必要充分な知識や技術を身につけることはとうてい不可能である。一人前のケアラーになるためには、臨床で先達に指導されて経験を積み、また専門書を読み学会や研究会で学び、自らの研鑽を積むほかない。外科医の場合、初回の手術も指導医の実技指導を受けつつやり遂げることができ、指導者には当然、感謝するのだが、この際、忘れがちなのは、手術を受けた患者の存在だ。自らの身体を手術場所として提供する患者なしには外科医に上達はない。医療者は、注射の上達すら患者の身体提供なしにはまならない。病気に関するデータが詰まった医学テキストや画像や検査データも、その知の源泉は患者や「障害者」なのだ。優れた医療者なら、一見無味乾燥な医学書の文面からもその知識の元となった無数の《病者》のドラマを想起するであろう。

この互恵的関係は、ケアラーの3セクター全てに大なり小なり当てはまる。つまりケアリー由来の知見や技量は、直接、間接を問わず、ケアラー側の利得となり、一方、ケアリーも治療や介護を受けるという利得を得る。ケアの交換理論からは、ケアラーとケアリー双方の利得の授受は、文化社会的には等価交換であり、ケアラー対ケアリーの非対称性は実は見かけの現象に過ぎない。

ちなみに、《病者》対「健常者」の関係は、実は病気や障害の数ほど存在し、ある「問題（病気や障害）」の切り口では《病者》だが、別の「問題」では「健常者」という交代劇が繰り返される。かくして《病者》と「健常者」は、その利他的役割を交換しながら社会体がかかえる様々な問題をそのつど解決する互酬的ネットワークを形成している。

おわりに——《病者》のプライベート言語へのアプローチ

ケアラーが病気、特に精神障害・発達障害・認知症等々とされる人々を支援する際に重要な内面的ケア（寄り添い・配慮・気づき）について触れておこう。それには当事者の「プライベート言語」と「パブリック言語」（ハッキング、１９８９）の双方をよく理解する必要がある。

この章では、各々の社会体における言語生活のうち、人々が、その環境世界を理解し内省し行動するための「個性やプライバシーなどの私的なもの」をプライベート言語と呼ぶ。それは、内心（内言）とも言う。内心は、声に出さずに心に思ったこと（脳内に浮かんだり夢想した言葉の内容）を指す。一方、専ら他者との意思疎通のために使うのがパブリック言語だ。こちらは外言とも言い、通常、発話を伴う。外言は、社会体の公共的生活のシーンで、その文化の習慣（文法）にそった価値観・世界観が強いられる様式である（村岡、2020）。

両者は重なりもするがWe/They 2分法でみると、We＝プライベート言語でThey＝パブリック言語、パブリック言語＝標準語・共通語なら、プライベート言語＝方言となる。医療者が患者に話す言葉＝パブリック言語なら、恋人や身内と交わす言葉＝プライベート言語となる。認知症者の振る舞いを無意味で理解不能な迷惑な（BPSD行動・心理症状の）「徘徊」と判定するなら、それはパブリック言語の世界の出来事となる。一方、ケアラーが、その行動を何か当事者に特別な意味をもつとみるならば、プライベート言語へのアプローチとなり、その人のライフスタイルや生活条件の改善のケアに役立つ。夜中に起きて徘徊する人が元漁師で、現役時代の港に行って出漁の用意がしたくて、ないものねだりなのだが港や漁船を介護施設内に求めてさまようのだと解釈するなら、プライベート言語の世界の意味ある出来事となる。よくある「夕暮れ症候群」なども同様に解釈できる。

また、パブリック言語では精神障害者の言動には幻聴や迫害妄想が起こるとするが、その当事者のプライベート言語は「過酷な世界の出来事」でもある。彼は、自分を中傷する他者の声を聞くが、その情況は外言の現実世界より強烈で「リアルなプライベートの言語の世界」だという。なぜなら、パブリック言語なら、中傷を黙殺し反論し耳を閉ざして聴かぬこともできる。しかし、内心の声は「圧倒的な実在」で、健常者のように耳を塞ぎ距離を置くことができないから（柄谷、1989）。

昨今、SNSの世界で匿名の誹謗中傷・いじめに悩む人々が少なくないが、その当事者も同様のリアルなプライベート言語の世界に生きている。パブリック言語から見れば、それは自縄自縛でしかないのだが、ケアラーは異邦人原理に立って、そう悟れない当事者の世界を理解する必要がある。

例えば「べてるの家」の住人は、当事者研究などの独自の手法を通して幻聴・幻覚のあるプライベート言語の世界でうまくやり過ごす戦略をとっている（ＮＨＫ、２０１６）。これはイタリアの精神保健のモットー「近よってみれば誰一人まともな人はいない（Da vicino nessuno e' normale）」（松嶋、２０１４）と同じ観方である。べてるの戦略には異邦人原理に加えて、誰とも比較されない無人島原理や、自分らの仲間を基準とする六本指原理が適所に生かされている。

また、ＡＳＤ（自閉スペクトラム症）当事者の一人は、異邦人原理に則り、次のように、ＡＳＤのプライベート言語と「定型発達者」のパブリック言語を対比させる（齊藤、２０１８）。すなわち、①「定型発達者の皆さんは他者の気持ちや意図を理解する能力があり、私たちＡＳＤにはそれができない」とみなす、②「皆さんが自分の世界を正常で標準だと思っているのと同様に、自閉症でも知的障害者でも本人に見えている世界がその人にとってノーマルで普通で当たり前だし」、③「皆さんと僕たちを隔てる明確な境界線はどこにもない」のだと。斎藤は、対話でＡＳＤ者の返事を３時間待ったという。それが相手の固有のリズムであるとわきまえていたのである。

このように異邦人原理に基づいて、外国人はそういうものだと、相手をあるがままに認め理解しようするところから始まる「ケアラーとケアリーの関わり方」は「異邦人的接遇」と呼ばれる（村岡潔、２０２０）。こうした異邦人的接遇は、社会体で様々な人々が出会い、共生するために不可欠なアプローチである。問題をかかえる異邦人当事者にケアラー側の価値観（健常者、正常とは何か）を強いてはいけないわけではないが、これまでの考察からは、少なくともそれが最善の策とは言い切れない。

例えば、ろう文化のデフ・コミュニティの人たちは、手話（視覚）、触覚を重視し、聴覚を取り戻す人工内耳の手術を拒否することもある。また、健康リスクを承知で禁煙はしない自覚的喫煙者のように非健康者の道を選好する人々もいる。両脚のない Kanya Sessar は、パラリンピックのアスリートのようにマルチ・スポーツをこなし、スケボーですばやく移動もできる。聴覚優先者のピアニスト辻井伸行は世界の人々にすばらしい音楽を提供する。日本のヘレン・ケラーともいわれる中村久子は、幼児期に四肢を失なったが、口を使って書や裁縫も行い、講演活動を通じて「全国の健常者・身障者に大きな生きる力と光を与え」、高山身障者福祉協会の初代会長も務めた。近年、「全盲の捜査官」や自閉症の主人公が健常者を超えた記憶・感覚能力を発揮して事件を解決するＴＶドラマも放映されている。もちろん、これらの人々の活躍には、周囲の人々との相互支援もあろうが、共生とは、こういう「みんなちがって、みんないい」世界の在り方をめざすものである。

イタリアのボローニャでは、家畜市場跡に、保育園・幼稚園、大学の男女の寮・教室、老人センター、パーティや演劇などの多目的ホール、図書館などを隣接させて子供から年寄りまでが共生できるような施設を設けている。ここでは高齢者が運営して生活を楽しんでいる（井上ひさし、２０１０）。幼児や若者と高齢者をマッチングさせる取り組みは、欧米だけでなく、日本にもみられる。例えば、金沢の佛子園・Share 金沢もそうだ。その謳い文句が「高齢者、大学生、病気の人、障害のある人、分け隔てなく誰もが、手を携え、家族や仲間、社会に貢献できる街」である。この共生のスタイルは「ごちゃまぜの福祉」と呼ばれ、認知症の人たちが身体障害者のケアをするといった、ケアの受け手同士で相互ケアを行い双方の情況が改善されるという成果も見られている（奈良ＴＶ、２０１６）。

最後に、近未来的には、ＩＴやＡＩ、ＭＥ電子医療機器やロボット工学の成果が共生とケアをアシストする資源としてますます活用されるようになろう。ＡＬＳで車椅子の物理学者Ｓ・Ｗ・ホーキング博士の高齢期までの活躍を人工呼吸器やＰＣがアシストしたように、今後、ケアラーの重労働を介助する介護ロボットやウェアラブルスーツや、ケアリーのプライベート言語の話相手としてアシストをするチャットボット等々、共生の質の向上をアシストするデジタル装置も充実してこよう。それらを有効に利用しながらも、人間のアナログ的で手作りの介護やケアは、人々の共生に花を添える不可欠な役割を果たし続けるに相違あるまい。

第3章　共生とケアをつなぐ家族を考える——憲法学からの問題提起

若尾典子

はじめに——ケアをめぐる「家族」の政治化

共生社会の実現をめざし「共生」から排除される人々に寄り添うことを実践的課題とするとき、浮かび上がるのは「ケアの領域」であり「ケアを必要とする人々」である。共生の課題の出発点は、ケアを必要とする人々の声を聴くことにある。ケアを必要とする人々の声は、なお沈黙のなかにある、と。

しかし、なぜ、ケアを必要とする人々の声は、受け止められてこなかったのか。この疑問に直面するのは、子育てに関わる女性である。女性は子育ての担い手として、子どもの声を聞く経験を積み重ねている。しかし女性の経験は、共有されない。それは、女性であれば自然にできることであり、家族のなかの私的な経験にすぎないからである。母子関係をまるごと保護する家族の存在が、女性の経験を社会から排除する。事情によって子育てを担えない家族は、欠損家族として福祉（保育所や児童養護施設）の対象となる。子どもの声を聞く女性の経験は、家族と家族の補完役割を担う福祉により、沈黙を余儀なくされる。

それゆえ、女性の経験を社会で共有することが提起される。女性差別撤廃条約である。1979年に国連で採択された同条約の前文は「家族の福祉及び社会の発展」にたいする女性の大きな貢献は「従来は完全には認められてこなかった」という。女性は「家族の福祉」への貢献（＝子育て）により労働権を奪われ、子どもとともに夫の保護（＝支配）の下におかれるからである。それゆえ「子の養育には男女及び社会全体が共に責任を負うことが必要」であるとして、性別役割分担論の打破と女性個人の権利として母性保護が要請される。

それに加えて、いま1つの要請がある。「あらゆる場合に、子どもの利益は最初に考慮される」（同条約5条b）として、親に、子どもの最善の利益を配慮することを求める。親権を軸とする従来の家族観からの子どもの解放が示唆される。

そして1989年、子どもの権利条約が国連で採択される。同条約2条は「差別の禁止」を2点、明記する。1つは各国政府に、子どもとその保護者にたいし、いかなる差別もなしに子どもの権利を保障することが求められる。子どもにたいする差別には、出生や生育環境に関わり、子どもの家族への差別が存在するからである。子どもは家族とともに、多様な文化や伝統をもつことが尊重される。子どもをとりまく家族の多様性を排除・差別してきたのではないか、と各国政府は家族政策の見直しを迫られる。

2つ目は、子どもを、保護者らによる「差別と処罰」から保護することである。子どもが家族のなかで暴力を受ける現実は、親密性の表現あるいは逸脱家族の証明、ときには文化的伝統とみなされ、家族の暴力性が容認・放置されてきたのではないか、と各国政府は家族政策の欠落を問われる。

家族の多様性と暴力性をふまえ、子どもの権利条約は「子どもの福祉」を提示する。親が働いている子ども、親の暴力を受ける子ども、親の事情によって親から引き離される子ども、難民の子ども、外国での養子縁組をする子ども、障害をもつ子ども、施設に収容される子ども、そして保健サービスを受ける子ども、である。生活をともにする家族との多様な関係から、ケアを必要とする子どもの姿が浮かびあがる。子どもの「養育・発達」(子育ち)に関する権利とともに、子どものケアを受ける権利が、明記される。ケアを必要とすることは、多様な家族を生きる、すべての人間の平等な権利である、と。

しかし、母子保護を家族の役割とすることは、1つには、人権条項の「家族保護」規定に表明されている。この規定は、第一次世界大戦後の1919年、ドイツのヴァイマル憲法に初めて登場する。近代以降、工業化による「職住分離」に伴い、労働から解放される場としての家族(=近代家族)が成立するが、それは一部の有産市民男性の家族に限定される。労働者家族は、貧困のなか妻も子どもも労働から解放されない。貧困・家族が社会問題化するなか、ヴァイマル憲法は母子の生活への公的支援を表明する。以後、「家族保護」規定は、生存権を掲げる現代憲法の特徴の1つとして継承される。

そして、いま1つ、1990年代半ば以降、女性差別撤廃条約と子どもの権利条約に反対する「家族保護」運動が国際的に登場する。女性と子どもの権利の主張は、家族にたいする過剰な個人主義の要求であり、家族を解体の危機にさらし、国家の危機を招く、という。宗教的原理主義や政治的権威主義による「自然の性」に基づく「自然の家族」を擁護する「家族保護」論である。妻子を扶養する経済力をもつ夫・父の「家族の長」としての権力を誇示する近代家族像が、いま伝統的家族観として再浮上する。

この2つの「家族保護」論は、日本において特殊な連動を示す。日本も女性差別撤廃条約を1985年に、子どもの権利条約を1994年に批准し、その具体化が進展するなか、1990年代半ば以降、両条約に反対する「家族保護」運動が登場する。選択的夫婦別姓制は一部の女性の過剰な個人主義の要求であり、家族解体を招くとの反対運動が急浮上し、その実現を頓挫させる。さらに家族解体論は、反社会的とされる宗教団体の積極的な関与を得つつ、ジェンダー・バッシングとして地方に広がる。次いで批判の対象は、日本国憲法24条に向けられる。児童虐待など家族解体が進展するにもかかわらず、これが放置されるのは、憲法24条に「家族保護」規定が欠落しているためである、と。この主張は2012年、自民党の日本国憲法改正草案24条1項に結実する。「家族は、社会の自然かつ基礎的な単位として、尊重される。家族は、互いに助け合わなければならない」と。

たしかに結婚・家族に関する憲法24条には「家族保護」規定がない。家族に関する法律は「個人の尊厳」と「両性の本質的平等」に立脚して制定されることが要請されるにとどまる。これを受けて憲法25条も「すべて国民は…生活を営む権利を有する」とし、母も子も、すべて個人として生存権が保障される。自民党は「家族保護」規定を欠く憲法24条は、戦力不保持を表明する9条とともに、家族も国家も守ろうとしない日本国憲法の根本的欠陥を示す、と結党以来、一貫して主張する（若尾、2017）。

ただし、2012年の改憲草案24条1項は、2つの「家族保護」論のいずれとも異なる。「家族保護」論は、家族の扶養に関する権利・義務関係にひそむ保護（＝支配）・服従関係に注目する。人権保障としての「家族保護」論は保護される側の母子の生活保障を、「自然の家族」論は保護する側の夫権・父権を、主張する。これにたいし改憲草案24条1項は、母・子であれ、夫・父であれ、その家族のなかの立ち位置とは無関係に、家族全員に「自助努力」を要求する。それは保護される側の母子に、一層の服従をせまる。家族の私的扶養の徹底化・最大化により、家族への公的支援の最小化が確保される。これは、福祉の家族依存、したがって福祉における強固な家族主義として、すでに形成されているのではないか。24条の「家族保護」規定の欠落にもかかわらず、否、それゆえに、24条改憲論による「家族保護」政策が形成されているとすれば、それは憲法学の重要な検討課題である。そして、この憲法学の課題は、ケアを必要とする人々の声を、再び、家族のなかに囲い込もうとする家族主義が国の内外で登場しているいま、共生とケアをつなぐ家族のありようをめぐる課題でもある。

1．憲法24条の「家族保護」規定の欠落は、どのように受け止められたのか

(1) 牧野英一の「家族保護」論

憲法制定過程における牧野英一の主張

1946年6月、第90回帝国議会に日本政府は「帝国憲法改正案」（以下、政府案という）を提出し、憲法に関する審議が行われる。政府案に示された結婚・家族に関する条項には「家族保護」規定は欠落しており、これにたいする疑問が審議では、さまざまな立場から出される。なにより第一次世界大戦後のドイツで制定されたヴァイマル憲法に「生存権」とともに「家族保護」規定が存在することは、よく

知られていたからである。

なかでも貴族院議員の牧野英一[16]は、ヴァイマル憲法にも造詣の深い法律学者であり「家族保護」規定の挿入を、三度にわたり主張する。その理由は「民主主義の要請」・「20世紀憲法の要請」(ヴァイマル憲法を指す)、そして、なにより「教育勅語」である。「『夫婦相和し』の規定が24条にある以上、『父母に孝』も必要ではないか」と。そして三度目には貴族院本会議で、24条の修正動議として「家族生活は、これを尊重する」を提案する。改憲草案24条1項の「尊重」が、ここに登場している。

この動議にたいし政府は、2点から反論する。1つは、結婚は「従来の思想と…異なる所の権利をはっきりと憲法に定める」ために規定されるが「家族制度の尊重は、自然な変化に委ねられるものであり、法律などによって対応すべきである」とする。政府はGHQとの交渉から、結婚制度の改正は受け入れるが、家族制度に変更を加えるようなことは避けたいと考え「家族保護」規定を欠落させたようである。いま1つは「教育勅語のような徳目は憲法にいれないことが、改正案の方針である」という。教育勅語は当時まだ有効であり、政府はGHQへの配慮を示唆するにとどめている。

採決は、賛成165名、反対135名となり、牧野の動議は過半数を得るが、規定の3分の2にとどかず「家族保護」規定の欠落が決まる。教育勅語という戦前の家族主義を表明する牧野の提案は、GHQの認めるところではないと考えられたのであろう。だが、牧野にとり「家族保護」規定は教育勅語の要請であると同時に「20世紀憲法の要請」である。しかも、この認識を、牧野は1919年ヴァイマル憲法の登場直後に、すでに表明している。この牧野の主張に「家族保護」規定を要求する、戦後日本の家族主義の源流が見出せる。

ヴァイマル憲法の「先取り」としての欽定憲法

1919年、大日本帝国憲法30年を記念する講演『憲法三十年――将来の法律に於ける進化的基調』(有斐閣、1920年)で、牧野は次のように述べる。「20世紀文明の要請」として「個人主義による近代憲法」から「生存権保障の憲法」への転換が起きている。第一次世界大戦は資本主義の発展に伴う家族協同体の崩壊の危機が現実化したものであり、いまや国家の役割は「自由主義、放任主義」から「協同主義、連帯主義」へと転換している。「20世紀憲法の要請」は「生存競争」から「生存協同」への転換を国家により確保することにある、と。

牧野は、ヴァイマル憲法が個人主義の近代憲法から家族協同体を重視する協同主義へと大きく転換した位置にあるとする。たしかに近代憲法には家族に関する規定はない。家族は、家族法の対象である。もちろん1889年に発布された大日本帝国憲法も、天皇と「臣民」(天皇に従う者)の関係を示すが、家族に関する規定はない。ヴァイマル憲法の協同主義は、当時の日本にとっても、新しい規定といえるはずである。

ところが牧野は続いて、日本について次のように述べる。「我らが国家の一員として相互に有機的に結びつけられて生活するということの自覚を促す」ことが国家の役割であることは、つとに「欽定憲法」が示すところであり「憲法が自ら進んで、社会を理解し、社会の理想のための先駆者となっている」点に「20世紀文明の到来の先駆性」が示されている、と。牧野のいう欽定憲法とは大日本帝国憲法

16　牧野英一(1878〜1970):東京帝国大学教授(1913〜1938)刑法学者、貴族員議員(1946)。

発布の翌年、1890年に「臣民」育成のために登場する、教育勅語である。大日本帝国憲法とは別に、家族道徳が教育勅語に示されていることが、ヴァイマル憲法の「生存権保障」という現代憲法の特徴に重ねられる。

ヴァイマル憲法の国家主義的家族観

ヴァイマル憲法は、生存権をもつ最初の憲法といわれる。同憲法151条は「経済生活の秩序は、すべての者に人間たるに値する生活を保障する目的をもつ正義の原則に適合しなければならない」とする。これは、労働男性と彼の家族の生活保障が憲法上の要請であることを意味する。ただし「倫理規定」にとどまる。しかも、労働男性の家族（女性と子ども）の生活は、家族法上の夫の扶養義務に委ねられている。その家族法は、非婚の母と婚外子を男性の扶養義務から排除し、貧困と高い死亡率のなかに放置する。女性と子どもの生活保障への要求が、参政権を得て登場する女性議員らによって同憲法119条2項・3項の「家族保護」規定に確保される。家族秩序の維持が国・市町村の任務とされ、子どもの多い家族と母性（非婚の母を含む、すべての母親）は、国に配慮を求める権利をもつと規定される。

しかし、「家族保護」規定は同憲法119条1項の結婚規定が登場したことによる。この規定の成立理由は1917年に成立したソ連において無宗教による結婚制度が採用され、これをドイツの「家族解体の危機」・「国家の危機」とみなしたことにある。「結婚は、家族生活および国民（民族）の維持・増殖の基礎として、憲法の特別の保護を受ける。結婚は、両性の同権を基礎とする」と宣言する。最後の同権規定は女性議員によるが、結婚規定は皇帝逃亡後も勢力をもつ保守派の「神聖な家族」観である。

キリスト教道徳にもとづく結婚制度を「家族解体の危機」から保護することを宣言するヴァイマル憲法は、すでに教育勅語と明治民法にもとづく家族制度をもつ日本にとり「結婚・家族」の保護を国家的課題として宣言する点で共通性をもつ、と牧野は受け止める。牧野にとりヴァイマル憲法の重要性は、119条が家族の維持（＝生存）を国の任務とするところにある。その家族は、改憲草案24条1項と同様、夫・父も含めた家族全員である。日本において家族は、まるごと天皇の恩恵の下にあること、すなわち天皇への家族の服従を、牧野は欽定憲法の先駆性として賞賛する。戦前日本の家族主義は、ヴァイマル憲法によって歴史的（したがって事後的に）かつ国際的に承認された、と牧野は自負する。この自負は『最後の一人の生存権』（人道社、1924）において「最後の一人の生存権」の保障のために、最後の一人になるまで戦うことが求められる、という国家総動員体制への激をとばす主張にいたる（若尾、2019）。この点に何の反省もないまま牧野は、敗戦と象徴天皇制という「国家の危機」に臨み、ヴァイマル憲法と同様に、日本国憲法にも「家族保護」規定が必要だと主張する。

24条の憲法学における解釈

第90回帝国議会において「家族保護」規定の欠落が決まる。この経緯を踏まえ『註解　日本国憲法上巻』（有斐閣、1948）は、24条を次のように解説する（若尾、2007）。

1つは、民主主義の要請である。24条の登場は「国民の家族生活のあり方が、憲法の基調とする民主主義の完成に、重大な関係がある」ため、とする。「従来の封建的大家族主義」を否定し「新しい家族道徳を樹立する自由な基盤を與《あた》えることによって、民主主義」を確立する意義をもつ、という。教育勅語からの解放が民主主義に込められる。2つ目は個人主義の要請である。「封建的家族制度における家のため、男子のための拘束から、個人特に婦人を解放することを目的とする」と述べる。個人主義と父権・夫権からの解放として女性の権利保障が明確に指摘される。

とはいえ3つめに、消極的な自由権にすぎない、とする。「13条の個人尊重及び14条の法の下の平等」を家族法に確保する要請にとどまり、25条以下の「積極的な生存権的人権」とは対立し「婚姻や家庭に、国家的社会的意義を認め、それを維持保護しようとする態度をとるところまでは、いっていない」。「資本主義の高度化」によって家族にたいする「国家の積極的対策」が求められる現代において、憲法24条はあまりに消極的である、と述べる。ヴァイマル憲法への高い評価がうかがえる。

しかし4点目に、憲法24条が自由権にとどまることは必要である、とする。「この憲法の全般に通じる封建日本からの脱却をはかる、根本的性格」によるからである。天皇主権体制の打破を課題とする日本国憲法にとり、戦前の家族制度の打破は、その「根本的性格」に関わる最重要課題である、と。憲法制定過程で示された、戦前の家族制度を憲法の対象から排除する政府の意図は、否定される。

最後に「家族の維持保護」は25条以下の社会権に「間接的に期待される」と述べる。「間接的」とは、25条が「家族」ではなく「個人」の生存権を明記しているためであり「家族保護」は、個人の生存権保障によって確保されるほかない、という。個人主義を貫く、憲法24条と25条の関連が明確に指摘され、これにより牧野の「家族保護」論は否定される。ただ、戦前日本の家族主義の打破を「遅れた日本の課題」とするため憲法24条と25条の関連が消極的な表現にとどまる。時代の制約とはいえ改憲論の跋《ばっ》扈《こ》を許す。

（2）1956年自民党の24条改憲論

1956年「憲法改正の問題点」

1950年代、占領解除とともに、選挙の争点に保守2党による改憲論が提起される。9条改憲とともに「血族的共同体の保護尊重」や「親孝行」を挿入する、という24条改憲論が主張される。これにたいし女性や若者が反対運動に立ち上がり、24条改憲論は「天皇の軍隊」の復活を意味する、と批判する。戦前の家族主義が、人々を侵略戦争へと動員したことが、選挙の争点となる。結局、保守2党は、改憲に必要な3分の2議席を獲得できない結果におわる（若尾、2017a）。

1955年、保守2党が合同し、改憲を党是とする自民党が結成される。翌1956年に自民党憲法調査会は「憲法改正の問題点」（以下『問題点』という）を発表し、24条改憲について、次のように述べる。1つは「戸主権の下に結婚制度を置くものではない」とし、戦前の家族法（明治民法）の復活は否定される。2つ目は「家族保護」規定の欠落により「協同体としての家族の存在意義」が不明確である、とする。具体的な規定は検討中とされ、GHQ草案、他国の憲法上の「家族保護」規定、そして世界人権宣言16条3項を参考にする、と述べる。

1948年世界人権宣言16条3項が、ヴァイマル憲法119条にかわり、24条改憲論の国際的・現代的意義を示す根拠として示される。「家族は、社会の自然かつ基本的な集団単位であって、社会および国の保護を受ける権利を有する」という規定である。家族は、国に先行する「自然の」存在とされ、人権の担い手として登場する。なぜ、世界人権宣言は、人権の担い手として家族を登場させるのか。

（世界人権宣言16条3項の問題）

この問題については、モシンクの制定経緯の研究が参考になる（J.Morsink,1999）。当初の方針では、16条は結婚・離婚に関する規定に限定され、母子保護に関しては25条「生活保障」に規定するとされる。ところが「結婚に基礎をおく家族」という宗教的共同体論者による「家族保護」規定が、繰り返し16条に提案される。最終的には「結婚」を削除し家族の「保護を受ける権利」が成立する。しかし、この規定によって婚外子が家族を破壊する存在として差別されることになるとして、すぐに同宣言25条「生活保障」の2項「母子の保護を受ける権利」に加えて、2項後段に「すべての児童は、嫡出であると否とにかかわりなく、同一の社会的保護を享有する」との文言が挿入される。同宣言16条3項の「家族保護」規定の具体化は、同宣言25条2項によって阻止される。

この経緯を、モシンクは次のように評価する。世界人権宣言が、国家の義務には言及しないことと、共同体への義務は29条1項に規定することとは、最初からの了解事項である。にもかかわらず、共同体の1つである「家族」への義務が16条3項に登場する。それは、世界人権宣言を「権利」だけにとどめるとの立場にとり「共同体への義務」とりわけ「家族への義務」への要望を排除することが、いかに困難だったかを示す、と。

たしかに同宣言16条3項は「家族への義務」を人権規定に持ち込む。人間は個人として出生するのではなく家族の中で生まれ、そこで義務や権利を学ぶ、と。それは離婚の自由を認める同条1項に、家族解体の危機を見出すからである。家族の「保護される権利」は、男女が性役割を果たす「自然の家族」の保護、したがって家族の長たる夫への妻の服従を示す。

しかし近代家族の脆弱性は、家族の生活が夫の経済力に依存することにある。それゆえ世界人権宣言25条1項が「自己と彼の家族」の生活保障を表明する。だが同項は離別母子世帯と非婚の母を排除するため、同条2項が離婚・非婚を問わず、すべての母子保護を明記する。さらに2項後段は、婚外子差別の禁止を確保する。16条3項の出番はない。ただ、この規定の存在により、宗教的共同体論は「自然の家族」が、25条1項の性別役割分担家族像に共有されるとみなすことになる。女性差別撤廃条約が性別役割分担論の打破を提示するとき、これを「自然の家族」への攻撃とする、宗教的原理主義が浮上する。

１９５６年『問題点』は、世界人権宣言16条3項を参考に24条改憲論を検討する、という。それは宗教的共同体論による「家族への義務」、とくに家庭役割を担う女性の服従を要請する点にある。改憲論は、9条とともに24条が多くの人々、とりわけ女性に支持されている現実に直面する。しかも女性たちは日本国憲法の下、平和運動、労働運動、教育運動、あるいは保育所運動など、多岐にわたり活動している。ここに改憲論は「家族解体の危機」をみるのであろう。憲法24条は「家族保護」規定を欠落させ、女性に「家族への義務」を要請していないことを問題として「協同体としての家族の存在意義」の明記が提案される。そこに、人権保障としては無意味な世界人権宣言16条3項が注目される理由がある。

もちろん『問題点』は「家族保護」規定を検討中とする。したがって当面の24条改憲論の役割は、世界人権宣言16条3項に依拠して、憲法24条の「家族保護」規定の欠落を問題化し、人々に「家族解体」の危機をあおりつつ「家族保護」規定の必要性を説くことである。当然、その対象は、家庭役割を担う女性、とりわけ母親である。

そして１９６０年代「家族保護」規定を具体化する機会が到来する。戦後復興から脱し、高度経済成長へと踏み出すなかで、1963年に厚生省児童局が発行した『児童福祉白書』は、いま「日本の児童は危機的段階にある」と提起し、母親たちの「子育て不安」を直撃する。「家族解体」論が登場する。

2．どのように「家族保護」政策が形成されたのか

(1)『児童福祉白書』の提起

「児童の危機的段階」

1960年代、安保条約改定を強行して退陣した岸内閣のあとを受けて、池田内閣は「所得倍増」・「人づくり」政策を提示し「福祉国家の実現」を政策課題とする。この「人づくり」政策の軸として重視されるのが「子育て」である。1963年5月、厚生省児童局編『児童福祉白書』(以下、『白書』という)は、いま日本は「児童の危機的段階」にあると述べ、大きな反響を呼ぶ。従来は、一部の要保護児童の問題とみなされてきた児童福祉の問題を『白書』は、一般家庭の子育て問題、したがって母子関係の危機とする。それは、以下の3点である。

第一に、経済成長とともに「児童の危機」が社会問題化するのは、日本だけでなく国際的な現象であるが、先進諸国は「児童の危機」を「家族の危機」として、すでに家族政策・児童政策に取り組んでいる。それは、母親の家庭における子育ての重視である。『白書』は「母と子」に関する家族政策の必要

性を、国際的潮流として示す。

第二に、日本の「児童の危機」は「先進諸国の実態との対比においてとくにその程度が高い」が、それは、戦後日本の民法改正によって「家族政策」が欠落したためである。日本では、旧民法の「家族制度」が消滅し、新民法による「夫婦中心の友愛」を軸とした「家庭制度」へと転換する。「旧民法下の伝統的慣習的戸主中心の家族は集団主義的な機能を果たしていたが、新民法によって外部的に強制的にしかも急激に夫婦中心という近代的合理的個人主義的方向に変わったために、ここに家族解体という一種の社会病理現象が起こった。この現象に伴って児童の幸不幸を左右するいろいろの問題が起った」と。

そして第三に「児童の権利と新しい家庭づくり」というスローガンを提示し「人づくり」政策を、家庭と国家の直結する取り組みと位置づける。「将来の日本という、国づくりの第一歩を児童の人づくりに直結させ、家庭―社会―国家―世界と連る理想像をうちたて」ること、「新しい日本人意識を培養して世代交代に備えるための努力を吝んではならない」と。

「家族解体」と新民法

『白書』が社会的関心を呼んだ理由は、第二の「家族解体」論にある。ここに、憲法24条への言及はない。しかし、旧民法から新民法への転換によって生じたとされる「家族制度」の消滅とは、憲法24条の「家族保護」条項の欠落を意味する。憲法24条は、旧民法の「家族制度」の廃止を要請しており、再び「家族制度」が復活することのないよう「家族保護」規定を欠落させている。したがって『白書』の主張は、憲法24条と新民法による結婚制度が「家族解体」をうみ、その影響が子どもに及んでいる、ということになる。

もちろん『白書』は、旧民法の復活を要請するわけではない。「家庭制度」は「大きな近代化の流れ」であるが「あまりに急激に行われた」ことに問題がある、という。そして、この社会病理現象を克服する役割を、児童対策に求める。「新しい時代での児童対策のめざすところは……崩れ去った過去の家族制度の再検討から、新家庭制度の土台を社会的に保障しようとする施策を強力に推進するところにある。換言すれば、家庭生活の安定策を目標とした社会投資、人間投資を強く発言することが必要なのである」と。

しかし『白書』は、新民法による「家族解体」が、いかなるものかには言及しない。児童福祉の現状も、戦争による貧困が報告されるにとどまる。しかも「児童の権利」は、内容が不明確なままに誇張される。1つは、先進諸国では「児童の権利」に言及はなく、その点で国家主義的である、という。だが『白書』も、すでに指摘したように十分に国家主義的である。いま1つは、世界人権宣言25条2項「母子及び児童の保護」規定を無視し、児童の権利は世界人権宣言にもまだ明記されていない、新しい権利であることを強調する。『白書』は「児童の権利」を掲げることにより、高度経済成長による生活の変化に伴い浮上する母親たちの「子育て不安」をあおっているようにもみえる。

『白書』発行から2カ月後の1963年7月、中央児童福祉審議会・保育制度特別部会による中間報告「保育問題をこう考える」(以下、『保育』という)が発表される。ここに『白書』の提起する「新しい児童観と家庭づくり」が、具体的に示される。

（2）『保育問題をこう考える』

「7つの保育原則」の提示

『保育』は冒頭、乳幼児保育にたいする関心、とりわけ保育所の増設・内容の充実を要望する声の高まりを指摘する。そして、これら母親の声に「希望と苦悩」を見出し、保育行政として「どう対処すべきか」を明らかにする、という。それが「7つの保育原則」である。①両親の愛情に満ちた家庭保育、②母親の保育責任と父親の協力義務、③保育方法の選択の自由とこどもの、母親に保育される権利、④家庭保育を守るための公的援助、⑤家庭以外の保育の家庭化、⑥年齢に応じた処遇、⑦集団保育、と。この7原則にもとづいて示される保育政策の基本方針は、以下の3点である。

1つ目の基本方針は、母親の家庭保育責任（①②）である。①に「両親」とあるが②で母親が保育責任を果たすためには「父の存在」が重要であることを自覚するとされる。母子世帯を無視するかのように、両親のそろった家庭での母親の保育責任が要請される。

この基本方針は、保育所増設を要求する母親たちへの批判である。保育制度特別部会長・木村忠二郎は「最近、どこかに預けておけばいいのだという、なれあいの気持ちが強いということに対する一つの反発」があり『白書』で紹介された、イギリスにおけるホスピタリズムの問題が審議会でも強調された、と率直に述べる（「保育の友」、1963・10）。

母親の「選択の自由」

2つ目の基本方針は、母親に保育責任があるとする以上、すべての母親に「保育方法の選択の自由」（③）を保障する、という。母子世帯の母親も例外ではない。しかも母親の「選択」にそって、3つのケースが提示され、それぞれの「選択」にたいする行政の対応が示される。保育政策は、母親の「選択」に対応するものとして説明される。

第一のケースは、自らが「保育する自由」を選択する母親である。彼女らには、夫の賃金を増加させる労働政策や生活保護などの社会政策が必要とされる。第二のケースは、生活維持のために「こどもを委託する自由」を選択する、母子世帯の母親や低所得の共働き世帯の母親である。彼女らの選択には、保育所が提供される。

そして第三のケースは、経済的必要性はないが自分の欲求（職業自立をめざす母親とパート労働など生活水準向上のために働く母親）にもとづいて「こどもを委託する自由」を行使する母親である。この母親には、2つの責任が課せられる。1つは「こどもの、母親に保育される権利」を保障する責任である。「家庭で、正しい愛情をもつ母親によって保育されることは児童の権利」であり「母親は、みずからの幼児を保育する義務と責任を」もつ、と。いま1つは「仕事と保育」の両立への「自覚」である。「婦人自身が、明確な職業観をもち、不断の努力をしなければならないのはいうまでもない。そのような調整が、社会的要望となるかならぬかは、婦人の意欲と努力次第といえるであろう」と。自立や消費への欲求から「こどもを委託する自由」を行使する母親には「児童の権利」保障と「不断の努力」（憲法12条「国民の権利」の行使にたいする要請の文言）が要求される。

第二の基本方針も、保育所の利用の制限である。保育所の選択は、母親による「子どもを委託する自由の行使」とされ、母親の選択（＝意思）に委ねられる。だが、それは母親にとり「自由の行使」ではない。第一の基本方針として母親には家庭保育責任があり、それは「こどもを委託する自由」とは両立しないからである。保育所という「選択の自由の行使」は、経済的問題を抱え、労働せざるをえない母親だけに認められている。戦前の家族主義を支えた救貧政策としての保育所が「選択の自由」・「こどもを委託する自由」として復活する。

「児童の権利」と幼保二元化

3つ目の基本方針は、幼稚園を「こどもの、母親に保育される権利」の保障と位置づける。「年齢に応じた処遇」⑥の要請は、子どもが2〜3歳以下のときは家庭保育を、2〜3歳以上になれば「家庭成員以外のこどもと接触する場を与えること」を原則とする。そして2〜3歳児以上の社会性の確保には「集団保育」⑦が必要となる。集団保育は、保育における教育の実施であり、それゆえ短時間でなければならない。3歳になったら子どものために幼稚園を選択することが「母親の保育責任」として示される。

この基本方針は、子どもを保育所と幼稚園に分断する。それは、戦前の幼保二元政策の戦後への継承である。しかし、幼保二元政策は戦後、1947年児童福祉法によって一度は否定される。すべての子どもに保育所を開放することは、子どもが出生家族の状況にかかわらず、平等に生存権を保障されることであり、憲法24条と25条の要請である。この保育の一元化は、21世紀に入りOECDやUNESCO

が、乳幼児の子どもの「保育」を「ケアと教育を受ける権利」と構成し、これを受けて各国でも、子どもの権利保障として進展している（若尾、2017b）。残念ながら、日本では、すぐに児童福祉法が改正され「保育に欠ける」との条件が加わる。さらに『保育』は、家族間格差による子どもの分断を、母親の「選択」によって隠蔽する。それは、高度経済成長を担う、性別役割分担家族の形成へと母親を動員する。母子の生活保障は企業福祉したがって企業間競争に委ねられ、高度経済成長を担う夫の原動力だからである。

人権保障としての「家族保護」規定は、性別役割分担家族が男性の経済力に依存する脆弱性を、家族解体の危機ととらえ、家族法上の夫・父の保護下にあるか否かを問わず、すべての母子の生活への公的支援を要請する。これにたいし戦後日本の「家族保護」政策は、企業間競争を生き抜く夫を支える家族生活の維持、したがって「家族への義務」を母親の家庭保育責任に求める。この母子を分断する母子保護政策が「母子福祉の理念」として、基本法に刻印されることになる。1964年、対象を母子世帯に限定する母子福祉法案が、国会に上程される。

3．なぜ、母子福祉法4条は「家族の自助努力」を要請するのか

貧困対策としての母子福祉法

母子福祉の理念法として国会に提案されたのは、対象を母子世帯に限定する母子福祉法案である。

なぜ、母子世帯に限定されるのか。これを問題にするのは、1964年5月13日社会労働委員会における、滝井義高衆議院議員（日本社会党）である。

滝井は、発言の冒頭で『白書』の「児童の危機」論に強い共感を示す。というのも『白書』の執筆者は、質問の相手方、本法案の担当責任者である黒木利克児童局長だからである。そして滝井は、母子福祉法案が母子世帯に限定されていることを問題にする。『白書』は「児童の危機」を「家族解体」の問題とはするが、母子世帯に限定していない。なぜ、母子福祉法案は、対象を母子世帯に限定するのか。「母子家庭と…有夫の母子との間に、一体政策上の相違というものが具体的にどういうぐあいにあるのか」と滝井は質問する。

これにたいし黒木は母子福祉法案の特色を、以下の3点に示す。

第一に、母子福祉法案の目的の1つは、母子世帯にたいする「低所得者対策の必要性」にある。母子世帯は「経済的、あるいは精神的に安定を欠く、そういう障害…が考えられ」る。「日本のような国で、…特定の対象に対してもっと傾斜的な政策」が必要であることは「先般の社会保障制度審議会の勧告の趣旨」にもある、と。

しかし、母子世帯に限定する貧困対策というのであれば、戦前、1937年制定の母子保護法と同じである。母子保護法は、無差別平等と軍国主義の打破を原則とする占領政策により廃止される。「母子」への優遇という点で平等原則に反し、また戦前の軍人扶助法による軍人遺家族への優遇が問題になる。ただ多くの「戦争・戦災による母子家庭」の困窮は深刻であり、母子世帯を戦争加害者ではなく戦争被害者とみなして、日本政府は1949年「母子福祉対策要綱」の下で母子世帯対策を進める。この政策は占領が解除された翌年の１９５３年「母子福祉資金の貸付等に関する法律」（以下、「貸付法」と略称する）に継承される。

それから10年が経過し、この法律を下敷きに母子福祉法案が提出される。これを「母子福祉のリバイバル」と歓迎するのは、戦前から一貫して母子保護運動に取り組んできた山高しげり参議院議員である。母子世帯に限定する貧困政策であれば、戦前の母子保護法の「リバイバル」といえる。だが黒木は、これに対し母子福祉法案の新しさを強調する。

（離別母子世帯の増加）

第二に、母子福祉法案は、新たな離別母子世帯の増加という事態への対応である。貸付法は「戦争による未亡人母子世帯」への救済として出発しており、原則は死別母子世帯であり、これに準じる母子世帯として離別母子世帯が位置づけられる。だが、死別母子世帯の激減と離別母子世帯の増加という現象がおき、貸付法では対応できない事態にある、という。『白書』も死別母子世帯の現状を報告するにとどまるが、それは、貸付法の下では離別母子世帯に言及するわけにはいかなかったからである。「両性の平等」をうたう新民法の下では、旧民法とは異なり、離婚後、母親にも子どもを引き取ることが保障され、離別母子世帯が急増する。しかも新民法においても、父親の扶養義務の履行確保は放置されたままであり、母子世帯の貧困は深刻になる一方である。『白書』のいう新民法による「家族解体」は、急増する離別母子世帯の貧困問題を意味する。だが貸付法は、戦争被害者として母子世帯を位置づける占領期の政策を継承する。戦争被害者ではない、離別母子世帯への対応が、新たに母子福祉法案を提案する理由である。

（「高度の福祉国家の理念」）

しかも第三に、母子福祉法案は対象だけでなく「高度の福祉国家の理念」を表明する点で、新しい特徴をもつ。この理念について、黒木は次のように説明する。離別母子世帯の増加に対応するために「何か新しい理念をさがす必要」があり「1条、2条に高度の福祉国家の理念を持ち出」した、と。

しかし、離別母子世帯の増加が、なぜ「福祉国家の理念」を必要とするのか。母子福祉法案2条には、母子福祉の理念が示される。「すべての母子家庭には、児童が、そのおかれている環境にかかわらず、心身ともにすこやかに育成されるために必要な諸条件と、その母の健康で文化的な生活とが保障されるものとする」と。主語は「母子家庭」であるが、その内容は1947年児童福祉法と憲法25条であり、すべての「児童」と「母親」の生活保障である。とくに児童福祉法1条2項は「すべて児童は、ひとしくその生活を保障され、愛護されなければならない」とあり、母子福祉法案においても子どもが「おかれている環境にかかわらず」権利が保障される、とする。この理念は、むしろ母子世帯への限定を否定する。しかも、これらは戦後改革期に登場しており、これを引用する母子福祉法案も、遅れてきた戦後改革の1つであっても、戦後改革期の次の「高度の福祉国家」段階の理念とはいえない。

これにたいし黒木は母子世帯に限定する「母子福祉の理念」を、歴史的に3段階にわけて説明する。第一段階は戦前の「慈恵的な段階」である。次に戦後改革期を、戦後の「自立助長」段階とし「母子家庭のもつハンディキャップを国の責任で埋めてあげる」時期と説明する。「戦争未亡人あるいは戦災未亡人母子」などへの支援は「身体障害者と同じようにそれぞれ一般の社会人と比べましてハンディがある、そのハンディを国なり地方公共団体で埋めていく、本人の自立心を助長してその更生をはかっていこう、またその必要があった」と。

そして第三段階が、母子福祉法案の「福祉国家の理念」である。「ハンディを埋めるというようなことでなしに、むしろそれも含めて、母子家庭における児童が心身ともにすこやかに育成されるための条件なり、あるいは母親が人間としての生活が保障されるような、そういう施策をやるべきだというふうに進展」してきており「この第三の段階の考え方で……立案をした」と。

(自立助長段階としての身体障害者福祉法)

黒木は、母子福祉の理念の説明として「身体障害者」に言及する。なぜか。たしかに1949年に制定された身体障害者福祉法(以下、身障者福祉法という)は、母子福祉法と同様、戦後すぐに日本側から要望される。だが、対象者の大半が傷痍軍人であり、軍国主義打破を掲げる占領政策によって、その成立は困難な状況に置かれる。この事態を打開したのが、当事者像の転換である。当事者が「自ら社会復帰をする意欲と能力をもつ」とすることで身障者福祉法が成立する(村上、1987)。これが身障者福祉法2条である。「すべて身体障害者は、自ら進んでその障害を克服し、すみやかに社会経済活動に参与することができるよう努めなければならない」と。黒木が「自立助長」段階を「本人の自立心を助長してその更生をはかっていこう」と説明するのは、この規定による。同法制定に更生課長として関与した黒木は、同法2条が母子福祉法より一足早く成立した同法の鍵であると考えたのであろう。福祉の対象者は、戦前のような「恩恵」としての受け身ではなく「自立心をもつ」存在でなければならない、と。たしかに母子世帯の母親は戦前、恩恵の対象であり、戦後も戦争被害者という受け身の存在である。しかし、増加する離別母子世帯の母親は受け身の存在ではない。それゆえ、まず母子福祉法案の対象は、母子世帯の母親に限定する。身障者福祉法2条は、福祉の対象となるか否かを自立心の有無で判定し、重度の身障者を排除し家族に委ねる。母子福祉法案は最初から「有夫の母子」を排除する。そして同法案3条は「国及び地方公共団体は、母子家庭の福祉を増進する責務を有する」とする。この国の姿勢に対応して、対象者に受け身ではないことが要請される。同法案4条「母子家庭の母親は、自ら進んで自立を図り、家庭生活の安定に努めなければならない」である。

同法案3条と4条の対応関係は、戦前の母子保護法3条「欠格条項」を想起させる。「母が性行其の他の事由に因り子を養育するに適せざるときは之を扶助せず」とあり、扶助の対象となる条件に「子の養育」に適する生活態度を示すことが、要求される（堀川、2019）。戦前は「欠格条項」として、戦後は「自立への努力」として、夫権を欠く母子世帯の母親は、子育てに努力する生活態度を国から要請される。ここに、戦前から戦後へと継承される、日本の「母子保護」政策が見出せる。

「高度の福祉国家の理念」は、黒木がいうように母子福祉法案2条ではなく、同法案4条に示される。身障者福祉法2条は、当事者個人の自己実現への努力を要請し、母子福祉法案4条は「家庭生活の安定」を要請する。後者の要請は、すでに『白書』が高度経済成長期の児童の危機への対応として「家庭生活の安定策」を提示する。新民法の下で増加する母子世帯の母親による家族解体にたいし、彼女らに「家庭生活の安定」を要請する。それが「高度の福祉国家の理念」である、と。夫権の有無にかかわらず母子の生活保障を明記する世界人権宣言25条2項は否定され、同宣言16条3項の「家族への義務」の要請が母子世帯の母親に要請される。24条改憲論の基本方針は、母子福祉法4条に確保される。

1960年代以降、先進諸国を中心に性別役割分担家族の形成をテコに高度経済成長が進展する。それは1960年代末から1970年代初頭にかけて、性役割を問う第二次女性運動を登場させる。「なぜ、私は主婦なのか」と。女性は性役割への自発的服従を問題にする。とりわけ日本は、突出した性別役割分担家族の形成をみる。日本の女性たちが単身赴任や長時間労働の夫の下で、子育てや嫁役割を引き受ける状況は、国の内外で注目される。だが、この事態は、母子福祉法4条「家庭生活の安定に努めなければならない」に明記されている。夫の有無にかかわらず、女性たちは「高度の福祉国家の理念」の下で「家族への義務」への自発的服従が課されている。日本において性別役割分担論の打破という政治課題は、女性差別撤廃条約によるとともに、24条改憲論の具体化である母子福祉法4条による、女性の分断の克服として浮上する。

おわりに

1990年代半ば以降、非正規雇用の増大によって性別役割分担家族像が、もはやモデルになりえない時代に突入する。新自由主義の席巻により、貧困や格差が社会問題化するなか、2002年、母子・寡婦福祉法（1981年に母子福祉法から母子・寡婦福祉法へと改正）4条が改正される。「自立への努力」

に「職業生活」と「向上」が加わる。母子世帯の母親は、その自助努力を「家庭生活」と「職業生活」に、しかも「安定」だけでなく「向上」まで求められる。母子世帯の母親は、子育ても仕事も、生活全般にわたり、トータルな「自立への自助努力」が要請される。

この改正は同時に、もはや戦後日本の家族主義、すなわち家族解体の責任を母子世帯の母親に限定する理由が失われており、すべての家族が「家族解体の責任」を負うべきことを示す。そこに、2012年、自民党の日本国憲法改正草案24条が登場する理由がある。「家族は、社会の自然かつ基礎的な単位として、尊重される。家族は互いに助け合わなければならない」と。国民は、仕事も家庭も「自助努力」により、厳しい生存競争を生き抜くことが求められる。

草案24条1項は、第一に現行憲法24条1項を2項に移動させる。結婚規定に先行させて登場する点に、家族規定を重視する姿勢がある。しかも草案24条2項となる結婚規定は、現行憲法24条1項「結婚は、両性の合意のみに基いて成立し」の文言から「のみ」の2文字を削除し「合意に基いて」とする。「合意のみ」を明示する現行24条1項によれば、選択的夫婦別姓制は当然のこととなるからである。民法改正を阻止するために憲法改正が提案される。この本末転倒な同条2項は民法750条が1つの結婚姓の選択を強制する点に、一方当事者の他方当事者への自発的服従の確保を見出すともいえる。

第二に、草案24条1項は家族の定義を示す。この定義は『問題点』が予告したように、世界人権宣言16条3項の定義が家族を国家に先行する存在とする点を継承する。だが同宣言は家族が「保護を受ける権利を有する」という。これは夫権の下に妻子をおくことを国家が保障する要請であり、同宣言25条1項の男性労働者の「自己と彼の家族」の生活保障と矛盾するものではない。しかし草案24条1項は「家族は…尊重される」とし、家族は、国家に先行して存在するがゆえに、扶養協同体であることを国家が「尊重」すると表明する。家族維持を自己責任とする、牧野英一の「尊重」規定の復活である。

それゆえ草案24条1項は、第三に「家族は互いに助け合わなければならない」とする。「互いに」とあり「相互扶助」のようにもみえるが、家族の定義が示されており、家族を単位とする自助努力の要請である。日本において、すでに母子福祉法4条に示されるように、家族の維持は自己責任、すなわち家族構成員にある。草案24条1項は、母子世帯の母親だけでなく、すべての家族の構成員に、家族内の立ち位置とは無関係に、家族解体の危機にたいし、一丸となって「自助努力」することを要請する。

草案24条も、具体化している。1つは、2013年、生活保護法「改正」により、生活保護の申請にたいし「扶養義務者の確認、通知」規定が挿入される。家族法上の扶養義務の「確認」によって、家族のなかの保護(=支配)・服従関係を問われる当事者は、生活保護の申請を自発的に断念する。「家族への義務」が、生存権保障を切り下げる。それは「家族の自助努力」の要請が、性別役割分担家族像に替わり「成人労働」家族を求めるところにある。成人(=労働可能者)はすべて労働し、家族生活の維持に貢献することである。それは、家庭のなかにいる「子ども」を家事・介護の担い手「ヤングケアラー」とする事態を引きおこす。戦前の児童労働を想起させる「家族の自助努力」の要請は、子どもにも向けられていることを示す。現代では子どもへの「暴力」である。

いま1つ、2014年、母子・寡婦福祉法が母子・父子及び寡婦福祉法へと「改正」される。1つは、父子世帯が含まれる。2002年の改正が母子世帯に「家庭」と「仕事」の双方を要請する以上、父子世帯を排除する理由はない。この改正が草案24条1項の登場をまって、ようやく成立した事実は、

「家族への義務」を母親に要求することがいかに家族政策として重要だったかを浮かび上がらせる。しかも、4条「自助努力」に加えて、5条に「扶養義務の履行の確保」が努力義務として新設される。それは、現実には母子世帯の母親を一層、追い詰める。1964年以来、夫権を欠く「逸脱家族」として、自己責任を問われてきた母子世帯の母親は、一層の自助努力を要求される。彼女らは「夫権の欠落」という家族間格差を自己責任とされる「恐怖」にさらされつづけている。

あらためて、憲法24条を読みなおす必要がある。なぜ「家族保護」規定を欠落させているのか。それは、戦前日本の家族主義の「暴力性」との対決を含意する。戦前日本において公的扶助は「扶養義務者のいない者」したがって「家族のない人」に限定され、「家族のある人」は扶養義務者の扶養能力の有無とは無関係に、教育勅語と明治民法により、家族のなかで生き延びることが強制される。「家族への義務」による女性や子どもの人身売買が横行し、この事態は戦後1950年代まで続く。

しかも、戦前日本の家族主義は軍事主義へと人々を動員し、侵略戦争と植民地主義によって、アジアの人々を「恐怖と欠乏」(戦争と貧困)に陥れる。この歴史的経験への反省が、日本国憲法前文の世界の人々の「平和的生存権」の宣言に刻印される。それゆえ日本国憲法は、憲法9条に戦力の不保持を、24条に「家族保護」規定の欠落を確保する。憲法24条には再び、家族を「暴力」の温床とさせない決意が込められている。

憲法24条は、すべての人が、年齢や性の違い、あるいは障害の有無によって、家族のなかで、あるいは家族とともに、排除・制限されることなく「個人の尊厳」をもって生きることを宣言する。それゆえ憲法25条は、個人の「生活を営む権利」の保障を「国の責務」とする。ケアを必要とすることは、当事者の「生活を営む権利」であり、私的扶養を担う家族に委ねてはならない。多様な家族のなかで生きる「個人の尊厳」と、個人としての「生活を営む権利」保障は、家族主義の暴力性を打破する鍵である。

憲法24条の「家族保護」規定の欠落は、いまなお「再評価」される。女性差別撤廃条約は、女性を「家族のなかで保護される」存在から解放する。しかし同条約は「家族の再定義」にとどまり、なお「家族のなかで保護される人（=服従する人）」や「家族」から排除される人を残す。女性差別撤廃条約によって切り開かれた「家族のなかの共生」を求める課題は、1989年子どもの権利条約、1993年「女性への暴力撤廃宣言」、そして2006年障害者権利条約へと進展している。「家族保護」規定を欠落させ、戦前日本の家族主義の復活を阻止する、という決意を示す日本国憲法24条が「暴力からの解放」という現代的課題と向き合うことを可能にしているところに、希望がある。

第4章　さまざまな困難の中で育つ子どもたちとの共生

武内　一

はじめに

筆者は1983年に医師となり、臨床小児科医として長らく市中病院に勤務してきた。そして、2009年から社会福祉学部教員となった。社会とのつながりなしで社会福祉は語れないため、今も障害をもつ人たちへの診療と就学前の気になる子たちの健診に携わっている。2017年度スウェーデンで一年間の研究生活を経験し、筆者のものの見方は、社会小児科学を軸とした新たなフィールドに向かっている。本稿では、子どもたちとの共生社会を考えるにあたり、まず、重い障害と共に生きる子どもたちに関わる先駆的な日本の取り組みを紹介する。そして、筆者らの研究から、貧困家庭で育つ子どもたちの困難を考察した。こうした社会的に弱い立場の子どもたちとの共生社会づくりには、社会小児科学の立場から、子どものケイパビリティの最適化が鍵となるという、筆者の考える子どもたちとの共生社会のあり方を論じる。

1．小児科学と小児科学会

小児科学という学問領域の歴史的な展開を振り返り、今後の小児科学の発展のために、その学問領域に社会小児科学を取り入れることが重要である。

(1) 小児科学の誕生

小児科学は、社会的にも経済的にも困難の中にある子どもたちの姿を目の当たりにする中で、応用科学の一分野として体系化されていった。子どもたちの困難、搾取の背景には18世紀に始まった産業革命がある。産業革命は、使い捨ての安価な働き手として子どもたちを必要とした。しかし、過酷な労働環境は栄養失調、感染症を引き起こし、成長・発達の途上にある多くの子どもの命を奪っていった。親の厳しい労働環境から子育てできない家庭の乳児を引き受けた施設では、愛着形成の困難な収容生活が追い打ちをかけ、実にその80～98％が生後1歳までに亡くなっていた（Tilly et al., 1992:1）。そうした中で初めて出版された医学書が、スウェーデンのローゼンシュタインによる『小児科学の知識と治療の指針』（１７６４年）である。本書はヨーロッパで8つの言語に翻訳され広がった（深瀬、２０１０：２）。第１章は、母乳育児の重要性で始まっている。２００９年にローゼンシュタイン賞を受賞したケルマーは、ローゼンなら「(乳児死亡率の劇的な改善という) 前進において最も重要な役割を果たしたのは、医療ではなく社会的及び経済的な進歩である」と言うだろうと述べている (Kjellmer, 2009:3)。

このように小児科学の体系化は、名もない捨児や児童労働に駆り立てられた子どもたちの命に向き合うことから始まった。

(2) 日本小児科学会

日本小児科学会のＨＰによると、１８９６年にはじまった学会は今や24の分科会を擁している。そうした医学の進歩は、多くの命を救ってきた一方で、総合的な判断や周辺領域との連携を弱めていった。その例として子どもの脳死後臓器移植に触れたのち、非侵襲性出生前診断 (ＮＩＰＴ)[17]、障害と共に生きる子どもたちの権利から論じてみたい。

１９６８年に行われた和田心臓移植が投じた問題が影を落とし、日本の脳死後臓器移植はタブーとされた。詳細は共著者である村岡の論文に詳しい (村岡、２０１９：４)。１９９７年にようやく脳死を前提とする「臓器の移植に関する法律 (臓器移植法)」が成立した。しかし、臓器提供者が15歳以上に限られたことから、例えば、国内での子どもへの心臓移植はほとんど行われず、海外でわずかな数の心臓移植が実施される状況が長く続いた (恩田、２００４：５)。こうした現状への内外からの批判[18]を受け、２０１０年に改正臓器移植法が成立し、家族の承諾があれば年齢にかかわらず臓器提供が可能となっ

[17] NIPT: Non-Invasive Prenatal genetic Testing (非侵襲的出産前遺伝学的検査) の略語である。検査を受け染色体異常が確認された場合、95％が人工妊娠中絶を選択している事実から、この検査は優生思想につながるとの批判がある。

た。しかし、この法改正をめぐって、小児科学会は学会としての意見を示せず、学会としてこの問題を主体的に扱う姿勢を打ち出せなかった。さらに、高齢妊娠の増加からＮＩＰＴへの関心が高まっているが、ＮＩＰＴに対する学会の立ち位置は明確ではない（母体血を用いた出生前遺伝学的検査（ＮＩＰＴ）新指針（案）に関する日本小児科学会の基本姿勢、日本小児科学会ＨＰ）。

このように社会が注目する問題に意見表明できない学会の姿勢の背景に、「社会小児科学（Social Paediatrics）」の視点の欠落があると指摘したい。社会小児科学は、「社会、環境、教育、家族の側面から、子どもの保健・医療に焦点をあてた子どもの健康へのアプローチ」と定義される（Spencer et al., 2005: 6）。筆者は、ヨーロッパ小児感染症学会（ＥＳＰＩＤ）、国際小児科学小児保健学（ＩＳＳＯＰ）と関わり、さらに1年間ウメオ大学疫学とグローバルヘルス（当時はユニットで現在は学科）で学んだ経験から、困難にある子どもたちとの共生社会実現のために、社会小児科学の視点が欠かせないことを確信するようになった（武内、２０１８：７）。

アメリカ小児科学会（ＡＡＰ）の学会誌 Pediatrics 及びイギリス王立小児科小児保健学会（ＲＣＰＣＨ）の学会誌 BMJ Paedaitric Open は、社会的課題を取り上げた論文を多数原著論文として掲載するだけではなく、子どもの権利擁護に関する学会の見解を示している。さらに、医学雑誌を代表する *The Lancet* は社会医学の特集を組んでいる。小児医療を科学的にリードすべき日本小児科学会が、学問領域の枠を広げ共生社会づくりに動き出せるかは、社会小児科学への理解とその位置付けにかかっている。

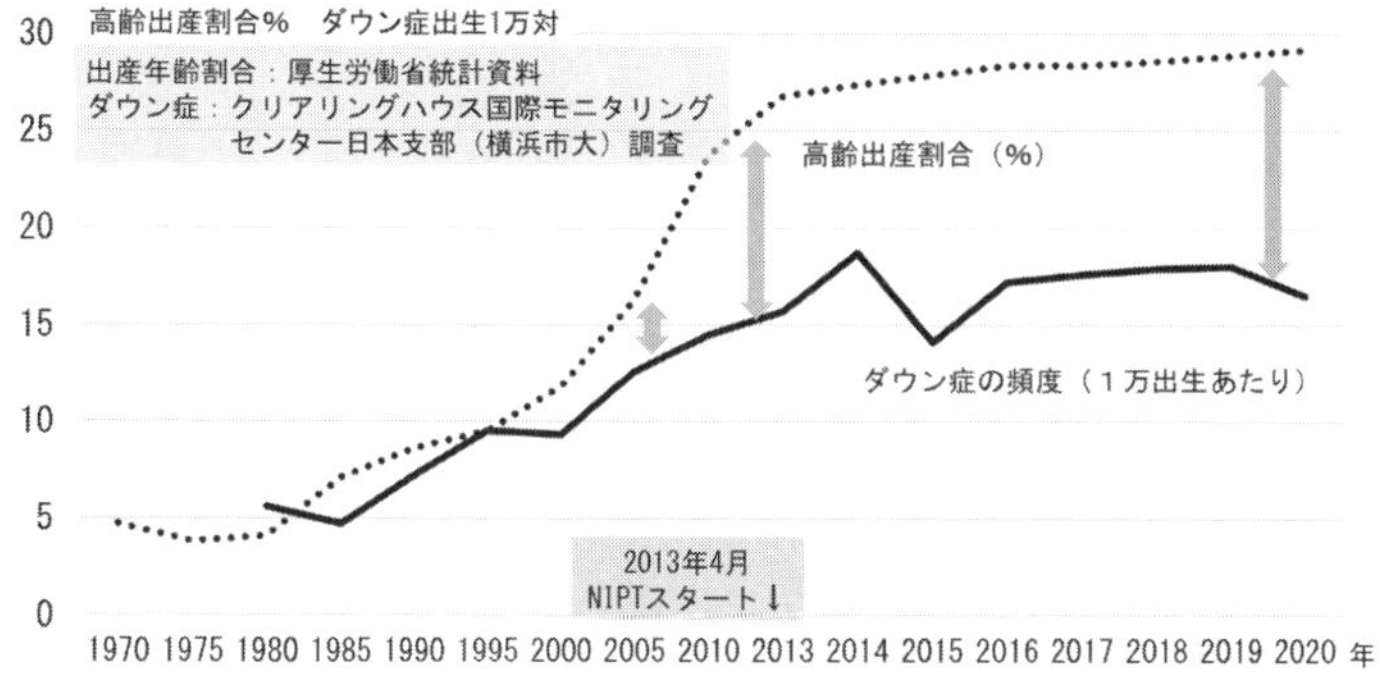

図１　高齢出産の推移とダウン症の推移と 35 歳以上の出産経験者の割合（%）

注：筆者作成

２．出生前診断をめぐる倫理的論議と共生思想

⑴ 新出生前診断（ＮＩＰＴ）

２０１３年４月からＮＩＰＴが導入された。この検査によって、胎児の13、18、21番の染色体異常の有無が、妊婦の採血で容易に推測できるようになった。日本では、高齢妊娠で染色体異常の確率が上がることから、主に35歳以上の高齢出産となる母親が希望した場合、産婦人科学会の認可した施設で実施されている。２０１３年

18 臓器移植への批判：国内的には１９９７年に旧臓器移植法が施行されたが、提供できるのは、①家族の臓器提供の意思表示があり、②ドナーカードで本人も提供に意思表示をしている、③15歳以上に、限定されていたため、からだの小さな子どもに適した心臓の提供が難しく、子どもへの心臓移植が大変難しい状況にあった。また海外での臓器移植には数千万円から1億円を超えるという経済的負担の大きさに加え、中低所得国に暮らす人たちの臓器が高所得国に提供されているとの国際的批判があり、日本国内で臓器移植を行うべきとの圧力が強まっていた。

4月から7年間でNIPTを受けた約8・7万人の中で、胎児死亡などを除く染色体異常の胎児を妊娠していた妊婦1，140人の95%は人工妊娠中絶を選択していた。しかし、今では、認可施設以上に無認可施設がその数を増やし、ビジネスとして定着した。希望すれば全ての妊婦が検査を受けることができるが、これら施設の遺伝カウンセリンはないか不十分であり、より高い中絶率につながっている（日本産婦人科学会，2021：8）。

日本国内のダウン症の出生割合は、NIPT導入までの25年間で1万出生あたり約7から約19へと2・5倍程度に増え、また35歳以上の出産は出産全体の9%から28%と3倍以上になり、ダウン症児の出生割合の増加に出産年齢の高齢化が相関していた。しかし、NIPT導入以降、35歳以上での出産は増加しているが、ダウン症の出生はむしろ減少傾向にあり、NIPTの関与が推定される（図1）。

費用は保険診療外のため20万円程度かかる（兵庫医科大学病院遺伝子診療部HP）。一方、NIPT Japanのホームページによると、海外の検査会社を利用することでより低額でより多くの項目を検査できるという。例えばMaterniT™ 21 PLUS（Core）+SCA+ESSを用いると、21トリソミー（ダウン症）、18、13トリソミーだけでなく、16、22トリソミー、性別、性染色体異常（XO, XYY）、7種類の染色体微細欠失症候群の有無を知ることができる（Labcorp Women's Healtl. HP）。

こうした技術革新に対して、結果が陽性の場合、中絶につながるなら、それはいのちの選別で優生思想に基づくとの批判がある。一方で、妊婦には検査を受ける権利、出産するか否かを決めるセクシュアル・リプロダクティブ・ヘルス／ライツがあるとの考え方がある。この問題は、両者の対立ではなく、染色体異常のある子どもと共に生きる家族に経済的負担を強いて地域から排除している私たちの社会の

表1　各法律の比較

	国民優生法	優生保護法	母体保護法
制度運用期間	1940-1948	1948-1996	1996-
不妊手術の前提	任意	強制（家族の同意）	本人（+/- パートナー）の同意
不妊手術の対象	悪質な 遺伝性疾患	遺伝病者 遺伝性ではない精神疾患（1952-追加）	母体の生命の危険 母体の健康の著しい低下
強制不妊件数	538件	16,475件	-
任意を含む 不妊手術件数	不明	40,000件以上（1955-1959） 30,000件以上（1960-1963） 20,000件以上（1964-1967） 10,000件以上（1968-1975） 9,000件以上（1976-1980） 8,000件以上（1981-1984） 7,000件以上（1985-1988） 5,000件以上（1989-1992） 4,000件以上（1993-1995） 3,804件（1996）	4,000件以上（1997-1998） 3,000件以上（1999-2002） 2,000件以上（2003-2008） 3,005件（2009）

注：新聞報道及び政府統計参照し筆者作成

あり方を問うている。

(2) 障害をもつもの、胎児への倫理的論議

差別思想に関わる20世紀の負の歴史には、ナチスドイツによる障害者虐殺T4作戦とそれに続くユダヤ人虐殺ホロコーストが刻まれている。一方、戦時中日本軍は731部隊による中国人への人体実験を行った（常石、2022：9）。戦争責任への戦後ドイツの徹底した対応に対し、日本では、この731部隊の主なメンバーが大学医学部の教授あるいは製薬企業の要職についており、日本医師会など日本医学界はこうした事実を黙認してきた（15年戦争と日本の医学医療研究会、2015：10）。さらに戦後制定され1996年まで続いた優生保護法の下で行われた「遺伝病者」に対する不妊手術という、戦後の人権侵害の歴史がある（毎日新聞取材班2019：11）。表1に新旧三法のもとで実施された不妊手術件数を示す。2016年に国連女性差別撤廃委員会が日本政府に対して法的な救済や加害者の処罰などを勧告し、旧法をめぐって一斉提訴が行われ、国の

責任を認める判決が続いている。この問題の延長線上で、私たちの社会あるいは私たち自身が、外国籍やLGBTQなどの少数者を他者化し、[19]今も差別を繰り返している。

さらに近年、欧米先進国からパーソン論という新たな優生思想が提唱されている。この思想は、生物学的なヒトと道徳的な人(パーソン)を区別し、生きる権利があるのは後者だと主張し、胎児はパーソンではないとして中絶を道徳的に正当化した(江口、2007:12)。パーソンは自己意識をもつものという彼らの定義では、乳幼児、重い障害や認知症の人もパーソンではないとされ、この思想は決して受け入れられない。

(3) 共生思想の発見

こうした差別思想に対峙する共生思想は、日本の戦前社会にすでにその萌芽があった。象徴的な作品は、金子みすゞの「わたしと小鳥と鈴と」であり、この詩は「鈴と、小鳥と、それからわたし、みんなちがって、みんないい」と締めくくられる。

同じ時代を生きた宮澤賢治の短編童話に「虔十公園林」がある。農家の次男として生まれた虔十は、実直によく働いた。ある日、小学校に隣接する荒地に杉の苗700本を植えたいと家族に申し出て、慈しむように苗を育てた。虔十の死後、杉林は子どもたちの遊び場となり、家族はこの林を虔十に代わって守り続け、学校の運動場の一部のようになった。そして、この村で育ちアメリカで暮らす研究者が、自分の通った小学校で異国の話をした後、校長と交わす会話の中に「あゝ全くたれがかしこくたれが賢くないかはわかりません」という一節が出てくる。この研究者の提案で、公園は「虔十公園林」と名づけられた。

虔十というのは、今でいう自閉スペクトラム症の若者で、私は、彼は宮澤賢治自身の分身だと理解している。なぜなら、「雨ニモマケズ」で賢治がなりたいと願った「モノ」の姿が、この虔十と重なるからだ。

3．「この子らを世の光に」とケイパビリティアプローチ

障害の重い子どもたちへの実践から生まれた、戦後日本の障害をもつ子どもたちとの共生思想がある。本論考は、共著者である鈴木の論文（5章）に共通するが、筆者の視点で論じたい。

(1) この子らを世の光に

1946年に戦後の孤児たちを引き受ける生活施設として近江学園が生まれた。孤児たちは施設を巣立ち、障害のある子どもたちが残っていった。その中で生まれたのが発達保障理論である。糸賀は「すべての人間の生命が、それ自体のために、その発達を保障されるべき」だという根本理念に確信をもつようになった（糸賀、1965：13）。

19 他者化：othering の訳。ある人や集団を、人種や民族、性的文化的特徴の違い、あるいは障害を理由に、自分自身や自分の所属集団とは異質なものとみなすこと。多くの場合、マジョリティからのマイノリティへの言動や態度でみられる。

糸賀は学園年報に、「精神薄弱といわれる人たちを世の光たらしめる、精神薄弱な人たち自身が光り、また光となっていく、そうしたことをするのが、私たちの仕事ではないかという気持ち」を綴り、障害のある子どもたちこそが「世の光」だとした（高谷、２００５：14）。この糸賀思想を受け継ぎ、重い障害の子どもたちの暮らす施設「びわこ学園」の初代園長となったのが、岡崎英彦である。彼は筆者ら学生を自宅に招き思いを語ってくれたが、彼の医療観を象徴的に示すのが「本人さんはどう思てはるんやろ」である。日々の実践で壁にあたった時、共に生きる当事者の思いに寄り添い学べと教えたのだった。病室に痩せて変形した姿で、自ら動くことができずに横たわる重度の心身障害をもつ子どもたち。医学生の筆者が初めて知る世界がそこにあった。利用者の一人に筆者と同い年のO君がいた。彼は重い四肢麻痺で動けず褥創に悩まされていたが、深い洞察と卓越した記憶力の持ち主であった。学生時代、学園の中庭に田舎から持参したオリーブの苗木を植えたことがあった。それから10年ほど経て、筆者は1年間、医師としてびわこ学園で勤務した。彼は最初の日に「あなたは学生の時、オリーブの木を植えましたね」と、筆者の記憶からは抜け落ちていた出来事を覚えていた。残念ながらがんで亡くなったが、彼との友情、彼からの学びに心から感謝している。びわこ学園、岡崎英彦、O君は、筆者のモノの見方・考え方の原点にある。[20]

(2) はだかのいのち

糸賀、岡崎を知るびわこ学園の前園長高谷清は、こうした障害児医療の思想を「はだかのいのち」と表現した（高谷、１９９７：15）。引用し紹介する。

心身とも重い障害児者は、人間としての「付加価値」が何もないようにみえる。（以下略）
人間が「いのち」以外の「付加価値」で価値評価されるとしたら、（中略）全面的な介助なしには生きられない彼らは「価値ゼロ」である。彼らにあるのは「いのち」そのものだけである。「いのち」しかもっていないのだから、彼らが大事にされるということは、だれもがひとつずつもっている「いのち」が大事にされるということであり、彼らが認められないとしたら「いのち」が認められないということになる。
一見付加価値のない彼らの存在を「はだかのいのち」と表現した。「いのち」というものはもともとはだかである。（中略）そしてこの「はだかのいのち」は一見わからないが、実に深く広いものを内包している。
しかし今、いのちに付加価値をつけたり、順序をつけたりする風潮が強い。そのことに対して「いのち」そのものの無限の深さと広さと、そして「光」の不思議さに少しでも触れることができればと思っている。

高谷が抱いた危惧は、四半世紀を経てさらに深刻化しているかもしれない。

20　障害をもつ人にも世の光を当てる、それが良心的な人の当たり前の考えかたであろう。しかし、糸賀の言う「世の光」とは、障害児を「世の光」として社会に押し出し、世の人々に知らしめ、その光を広げるという意味で用いた。高谷はそれを「異質の光」と呼び、排他的ではない社会、他者を可能性自己として自己実現ではなく他者実現による人格と人格の共存関係だと解説した（参考文献）。まさに共生社会の実現を包含する。

（3）国際生活機能分類（ICF）とケイパビリティアプローチ

障害の見方の国際的変遷との時系列で振り返ると、日本の障害児・者への福祉・医療の実践を通じて築かれた思想の先見性に驚かされる。１９８０年世界保健機関（ＷＨＯ）は国際障害分類（機能障害、能力障害、社会的不利の国際分類 ＩＣＩＤＨ）を示した。この中で障害を３つの階層にて捉えた点が画期的であった。しかし、この分類はあくまで医学モデルとしての障害分類であった（上田、２００２：16）。

ＷＨＯが２００１年に新たに提案したのが、国際生活機能分類（International classification of functioning, disability and health 生活機能・障害・健康の国際分類ＩＣＦ）である。生活機能（Functioning）によって、全ての人にとっての生活を分類し評価するという、医学モデルとしての障害分類の枠を取り払い、生活や社会の中で全ての人を捉える視点を打ち出した。Functioning の和訳は生活機能となっているが、この言葉の起源は、ノーベル経済学賞を受賞したアマルティア・センの“Functionings and Capability”にある。センは、ウエルビーイング[21]とそれを追求する自由を、ケイパビリティ（Capability）の視点から論考している（アマルティア・セン１９９９：17）。ＩＣＦでFunctioning に着目した背景にはセンの思想がある。

ＩＣＩＤＨからＩＣＦへと転換することで、センのケイパビリティアプローチの実践が、21世紀の世界に提案された。一方で、糸賀一雄から続く日本の障害児・者医療と福祉の思想は、１９６０年代に形成され受け継がれてきている。その思想の包含する多様な共生思想の先進性は、例えば、重度の脳性麻痺に対する喉頭気管分離術[22]という高度医療の提供状況から理解できる。日本の医学雑誌検索サイト『医学中央雑誌』で「喉頭気管分離術＋脳性麻痺」を検索すると、本文がある論文だけで44件あった（２０２３・４・５時点）。一方で、英文論文検索サイト「PubMed」で「laryngotracheal separation+Cerebral palsy」を検索すると400件近い論文がある一方で、「cerebral palsy」を加えると論文は7本しかなく、そのうち5本は日本からの論文であった（2023・4・5時点）。生命維持のためのこの外科手技が、重度脳性麻痺をもつ者へは日本以外では一般的でないと考察できる。スウェーデンのウメオ大学の新生児集中治療室及び小児リハビリテーションクリニックの小児科医から重度障害児の状況について伺った際の返答から、スウェーデンでの重度障害児者の生きる権利は限定的だと感じた。人工呼吸器による在宅管理は、筋ジストロフィーなど知的障害のない場合は積極的に行われる。しかし、知的障害の重い障害児・者の場合、自己決定できる能力との関係で日本と異なる価値観があると思われた。日本で共に生きることへの模索が行われる超重症児（者）[23]への積極的な医療介入は、スウェーデンでは一般的ではない。日本では、親や障害児・者施設スタッフの献身的な努力に支えられながら、公的医療保険制度の枠

---

21 ウエルビーイング：WHOの健康の定義（日本WHO協会）では「すべてが満たされた状態」と訳され、身体的、精神的、社会的に健康な状態を意図している。一方、論文ではしばしば「幸福」あるいは「福祉」に置き換えられ、阿部彩はユニセフイノチェンチーレポートカード14の日本語訳では「幸福度／生活の質」と訳している。日本語での適切な訳は確立していないことから、well-beingをそのままウエルビーイングとして用いる。

22 唾液や飲食物が、気管に流れないで適切に食道に流れない場合、誤嚥が発生する。そうした飲み込みがうまくできない嚥下障害への対応として、気管を直接頸部に開放し、喉の上部（喉頭部分）と完全に切り離す手術法をいう。この手術によって、誤嚥を防げる。

23 日本の障害児医療の実践から生まれた概念。障害が重い場合は医療・看護・介護対応がより高度で頻繁となるため、医療保険制度上の加算が求められる。それを具体化したのが超重症児（者）入院診療加算。超重症児は、運動機能、呼吸管理、食事機能、胃・食道逆流の有無、体位変換、定期導尿、人工肛門などの程度で決定され、準超重症児は、それに準じるものを言う。

組みを拡大し、重い障害をもつ人との共生社会を築き広げている。

4．医療の視点からみた子どもの貧困

困難にある子どもたちを考えるにあたり、重い障害を生きる子どもたちに続いて、貧困下にある子どもたちの姿を取り上げる。

(1) 子どもの貧困への気づき

わが国で子どもの貧困が社会問題化したのは、医療にかかりたくてもかかれない無保険状態の子どもの存在が、２００８年に広くマスコミで取り上げられたことによる（寺内順子、２０１５：18）。資格証明書は、国民健康保険料（税）を滞納した場合、国民健康保険の被保険者であることの資格を証明する書類で、資格は証明しても医療費の全額を窓口負担しなければならない。

２００８年10月緊急調査により、交付世帯数は約33万世帯（全世帯の１・６％）で、中学生以下の子どものいる世帯は約１・８万世帯（資格証明書世帯の５・５％）であった。中学生以下の子どもの少なくとも約３・３万人（対象人口比０・２％）に資格証明書が交付されていた（厚労省保険局国民健康保険課）。

その後の法改正で、中学生以下には２００９年４月より、高校生の年齢以下には同年７月より、資格証明書ではなく短期被保険者証が交付されている。しかし、同じ世帯員の子ども以外には資格証明書の

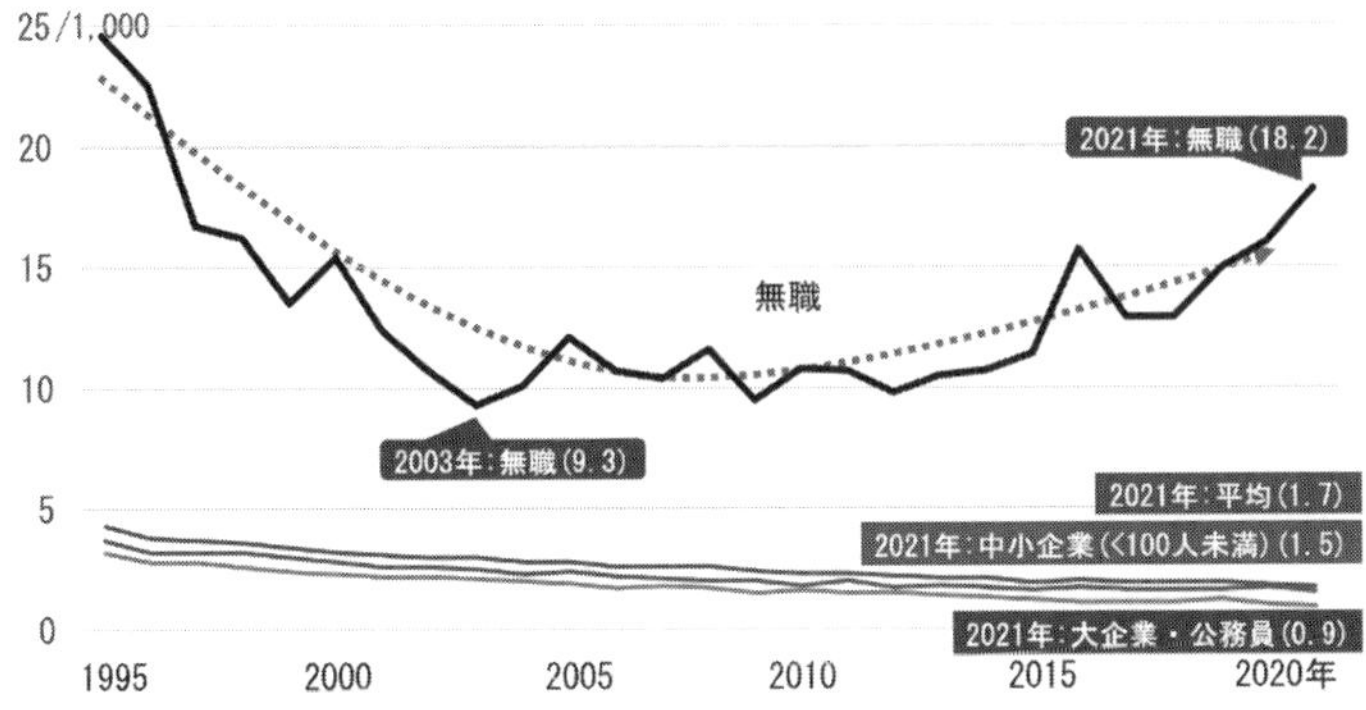

図２　世帯の就労形態別でみた乳児死亡率（出生 1,000 比）

注：政府統計 e-Stat

交付が続いている。

小児医学・医療の未解決な問題として、乳児死亡率と世帯の職業階層との関係を示す（図２）。２０２１年、公務員や比較的規模の大きな企業で働く親の家庭（常用勤労Ⅱ）の乳児死亡率０・９であるのに対して無職の親の家庭の乳児死亡率は18・２で、両者には20倍もの差がある。２００３年の全体の乳児死亡率は３・０、常用勤労Ⅱの乳児死亡率は２・１、無職の乳児死亡率は９・３なので、階層による差は４・４倍であったから、無職の親の家庭の乳児死亡率だけが増加し、18年間で格差は５倍近く拡大した。私たち小児科医が次に取り組むべき重要課題は、こうした健康格差である。この事実は、共生社会とは相容れない。

（２）子どもの貧困をめぐる医療からの研究―初めての全国調査

筆者らは、全日本民医連[24]に加盟する医療機関の協力で、２０１４年度に新生児、入院児、外来受診児の家族を対象に聞き取り調査を行い、相対的貧困基準未満群と非貧困群

24　民主医療機関連合会の略称。無差別・平等の医療・福祉の実現を目指す綱領に基づいて活動する医療機関の連合体である。

で比較検討を行った。貧困世帯とは、国の定義にある可処分所得中央値の半分未満の相対的貧困家庭の中で、境界線上にある家庭を除いた明らかに中央値の半分を下回る家庭を指している。

佐藤らは外来受診児調査の結果を、山口らは新生児調査の結果を、各々報告したが、両者に共通する貧困群の特徴として、「母親の低学歴」「非正規雇用労働」「高い喫煙率」「経済的に苦しい生活実感」などが挙げられた（佐藤他、２０１６：19；山口他、２０１７：20）。これら調査に入院児家族調査を加えた３つの調査の世帯収入の中央値は４００万円台であったが、２４７世帯（12％）は２００万円未満であり、数は少ないが69世帯（３％）は１００万円未満と回答していた。幼児と母親の母子２人世帯で年間所得２００万円以下は、概ね生活保護基準を下回る（日本医療ソーシャルワーク研究会、２０２２：21）。しかし、２４７世帯のうち生活保護を受給していたのは29世帯（12％）であった。

ユニセフは、持続可能な開発目標（以下、ＳＤＧｓ）の中で第一に掲げられている貧困の根絶に関して、ＯＥＣＤ諸国の状況を分析している（UNICEF Office of Research , 2017 : 22）。ここで用いられた三つの指標の一つである相対的所得ギャップ（所得中央値に対して所得順位下位10％の所得の不足割合）で、日本は59・8と41カ国中32位に留まり、最も貧しい世帯への所得の再配分が不十分であった。他の二つの指標をあわせた総合評価でも日本は41カ国中32位と、子どもの貧困解決に消極的である。

社会学者アトキンソンは、所得調査の低所得者向け手当の受給状況が、イギリスで83％、アメリカで75％であったことを示し、権利のある「〝かなりの少数派〟[25]は受給していない」ことを問題とし、選別給付は欠陥のある制度だと指摘している（Ａ・Ｂ・アトキンソン、２０１６：23）。生活保護を受給する権利がある中での受給割合は、日本では２割程度と分析されており（吉永純、２０１９：24）、筆者らの調

社会領域	指標とデータ
家族	① 子どもの人口：0-14歳の子どもの人口、② 経済環境：相対的子どもの貧困、子育て世帯の相対的所得ギャップ、および社会移転による子どもの貧困の削減、③ 子育て家族への公的社会支出：子育て家族への公的支出全体、子育て手当、および子育てサービスと現物給付
教育	① 教育の展開：教育関連公的支出、② 就学前教育への参加：３歳児の通園割合、③ 無償の小学校教育：学費の無償化と給食費の無償化、④ 中等教育（高校）への参加：高校進学率、⑤ 高等教育（大学）への参加：男児、女児別大学進学率
社会保障	① 社会保障の展開：社会保障関連公的支出、② 社会扶助（生活保護）：生活保護受給率、障害者・傷病者給付、③ 公衆衛生（医療保険制度）：公的医療保険支出
社会経済	① 経済発展：一人当たりGDP、② 社会経済的不平等：ジニ係数、貧困ギャップ、③ ジェンダー間の不平等：男女間賃金格差、④ 就労率：男女別、および母親とシングルマザーの就労率

図３　子どものケイパビリティ最適化に向けて

注：筆者作成

査では12％であった。わが国の公的扶助制度は欧米と比較してはるかに受給率が低く、権利として位置づけられていない。経済的弱者との共生社会づくりはまだまだ途上にある。

（3）子どもの貧困をめぐる医療からの研究――ケイパビリティの最適化

筆者らはスウェーデン、イギリスとの比較の中で子育て支援政策の特徴を明らかにし、子どもの貧困解決の根幹にあるべき思想は、子どもの選択の自由が確保される前提で子どもの「ありたい」「なりたい」思いを叶えるに相応しい社会をつくることだと考察し、それをケイパビリティの最適化と表現した（Takeuchi et al., 2022:25）。子どものもつ「ケイパビリティの最適化」が、子ども擁護の立場で共生社会

25　アトキンソンは、いわゆる生活保護を受給できていない各々の国の17％及び25％を「かなりの少数派」と表現した。一方の日本は、８割が受給できていないことから、それは皮肉を込めていえば権利のある者の「多数派」だといえる。

表2　3カ国の比較

指標	変数（所得・貧困ギャップ、ジニ係数以外は%）	国名		
		日本	スウェーデン	イギリス
経済環境	子どもの相対的貧困	14 [2018]	9.3 [2018]	13 [2018]
	子育て世帯の相対的所得ギャップ	60 [2013]	46 [2013]	40 [2013]
	社会移転による子ども貧困削減割合	18 [2014]	55 [2014]	54 [2014]
家族関係への公的支出	支出全体（対GDP比）	1.6 [2017]	3.4 [2017]	3.2 [2017]
	現金給付（対GDP比）	0.7 [2017]	1.2 [2017]	2.1 [2017]
	サービス及び現物給付（対GDP比）	0.9 [2017]	2.2 [2017]	1.1 [2017]
教育の展開	教育関係支出（対GDP比）	3.2 [2017]	7.6 [2017]	5.4 [2017]
社会保障の展開	社会保障関連支出（対GDP比%）	22 [2017]	26 [2017]	20 [2017]
社会扶助	65歳未満での生活保護受給率	0.8 [2016]	2.8 [2016]	1.9 [2016]
社会経済的不平等	ジニ係数	0.33[2018]	0.28[2018]	0.37[2018]
	貧困ギャップ	0.36[2018]	0.23[2018]	0.37[2018]
ジェンダー間不平等	男女間賃金格差	24 [2019]	7.6 [2019]	16 [2019]
就労	女性就労率	70 [2018]	76 [2018]	71 [2018]
	母親就労率	71 [2018]	86 [2018]	73 [2018]
	シングルマザー就労率	82 [2016]	80 [2016]	64 [2016]

注：筆者作成

づくりのキーワードである（図3）。

いくつかの指標で3カ国を比較して示す（表2）。家族支援において、スウェーデンでは授業料無償や給食無償などサービス及び現物給付の比重が大きく、イギリスでは現金給付の比重が大きい。一方日本は両国の半分かそれ以下でどちらも不十分である。さらに教育関係支出を２０００年から２０１７年での変化でみると、スウェーデンとイギリスではその割合を増やしているが、日本は減らしており、対ＧＤＰ比は他の２カ国比で約半分にとどまっていた。

日本では、極端な貧困にある層が支援されていない背景の一つが賃金の男女間格差で、3カ国中最大の24%の開きがある。さらに資格をもたないシングルマザーでは、男性より低賃金な職種、就労形態を選ばざるを得ず、母子世帯の子どもたちはより深刻な貧困に陥りやすい。このような低賃金の状況は政策でしか解決できない。

子育て世帯の貧困はイコール子どもの貧困で、その解決の根幹にあるべきは、子どもの選択の自由が確保され、「ありたい」「なりたい」思いを叶えるに相応しい社会をつくることである。

5．新型コロナ感染症の影響——全国子育て世帯調査

(1) コロナ禍の影響——親の回答項目から

2019年と2021年に実施した民医連共同組織に呼びかけた調査に基づき、非貧困世帯と貧困世帯の生活の実情の比較を示す（武内、2022：26）。

貧困世帯の割合は、2019年全体の8・8％、2021年同じく8・2％で、2018年の国民生活基礎調査（大規模調査）での子どもの貧困率13・5％の2／3程度となっていた。各々境界線上に7・8％、6・1％存在したことからその半数を按分すると各々12・7％及び11・3％となり、国の調査に近づく。そこで、コロナ禍前と最中の全国の子育て世帯の状況をある程度反映していると判断し、以下に調査結果の比較を示し、コロナ禍が経済的に弱い層により重くのしかかっている現実を共有する。

表3で、家族及び特に母親の生活状況に着目してコロナ禍前とその最中を比較した。母親の雇用形態をみると、非貧困世帯ではコロナ禍前後で変化はないが、貧困世帯では正規雇用の割合が3分の2に減少し、パート就労の割合が1・5倍に増えていた。資格なく働く母親の場合、子どもの在宅期間が長くなるなか、特に母子世帯の母親は正規就労を諦め、より経済的に困窮した可能性がある。

両親世帯の母親の夫に対する支出のあり方が、非貧困世帯と貧困世帯でコロナ禍の前と最中で著しく

表3　2019年と2020年調査の比較

比較項目	比較細目	2019年非貧困	2021年非貧困	p値	2019年貧困	2021年貧困	p値
母親の雇用形態（無職他除く）	パート	443/1,278(35%)	317/1,013(31%)	p=0.10	54/133(41%)	60/98(61%)	p<0.05
	正規雇用	733/1,278(57%)	609/1,013(60%)	p=0.20	51/133(38%)	25/98(26%)	p=0.07
母親の夫に対する支出の考え方	対等	670/1,316(51%)	585/993(59%)	p<0.05	49/108(45%)	20/56(36%)	p=0.31
	ある程度後回し	399/1,316(30%)	280/993(28%)	p=0.29	28/108(26%)	10/56(18%)	p=0.50
	いつも後回し	247/1,316(19%)	128/993(13%)	p<0.05	31/108(29%)	26/56(46%)	p<0.05
母親の普段の健康状態	ふつう以下	437/1,248(35%)	278/915(30%)	p<0.05	54/138(39%)	65/119(55%)	p<0.05
母親の体格	前肥満以上	148/1,262(12%)	128/915(14%)	p=0.13	30/143(21%)	16/100(16%)	p=0.42
	痩せ気味以下	90/1,262(7%)	56/915(6%)	p=0.40	7/143(5%)	16/100(16%)	p<0.05
世帯の収支	黒字	708/1,472(48%)	634/1,173(54%)	p<0.05	44/156(28%)	27/113(24%)	p=0.51
	赤字	247/1,472(17%)	153/1,173(13%)	p<0.05	58/156(37%)	54/113(48%)	p=0.11
生活保護	必要ない	1219/1,425(86%)	1006/1,173(86%)	p=0.92	82/149(55%)	47/113(42%)	p<0.05
	受けたくない	177/1,425(12%)	140/1,173(12%)	p=0.75	41/149(28%)	51/113(45%)	p<0.05
直近の選挙	投票した	1118/1,472(76%)	904/1,111(81%)	p<0.05	103/156(66%)	61/97(63%)	p=0.71
学童の予防接種	インフルエンザ予防接種完了	550/973(57%)	421/633(66%)	p<0.05	46/101(46%)	31/62(50%)	p=0.69

注：検定法はχ^2乗検定およびFisher直接法

異なる変化がみられた。非貧困世帯の場合、母親が夫と比較しての支出面で「対等」の割合が増えていた。しかし、貧困世帯では、逆に「いつも後回し」にする割合が1・6倍と上昇していた。経済的に安定している場合は、夫婦の協力関係が進んだと思われる一方、貧困世帯では母親が生活を切り詰めて家計をやりくりする姿が想像され、一つの家族の中で母親が我慢する「隠れ貧困」が拡大していた。

そのような背景もあり、特に貧困世帯の母親の健康状態「ふつう以下」が過半数を超え、コロナ禍前の1・4倍となっていた。母親への負担に関わると思われる体格「痩せ気味以下」の割合が、貧困世帯の母親で5％から16％へ増加していた。

世帯収支は、非貧困世帯でコロナ禍前に比べて改善していた。一方で、貧困世帯では有意差はないものの赤字の割合が39％から48％へと増加していた。非貧困世帯では旅行や外食など支出の機会がコロナ禍で減少し収支が改善傾向を示した可能性が考えられる。一方で、貧困世帯では収入そのものの減少と必要な最低限の支出は切り詰めるにも限界があり、赤字幅が拡大したと推測される。

生活保護への考え方では、コロナ禍にあって貧困世帯では「必要ない」の割合が55％から42％へと低下した一方、「受けたくない」の割合が28％から45％へ１・６倍に増加していた。コロナ禍で生活が困窮しても、生活保護への抵抗感から「受けたくない」が増加したと推測された。さらに、非貧困世帯で直近の選挙で投票した割合が２０２１年に増加していたが、貧困世帯では変化なかった。貧困世帯の投票割合は、非貧困世帯との比較で２０１９年10％、２０２１年18％低かった（有意差あり）。

最後に、予防接種のコロナ禍の影響は非貧困世帯と貧困世帯で大きく分かれた。１００％自己負担となる学童のインフルエンザワクチンの接種割合は、非貧困世帯で２０２１年に接種割合は55％から66％へ増加していた。一方で貧困世帯では約半分と変化なかった。

（2）コロナ禍の影響——子どもの回答項目から

表４で、２０２１年での子どもたちの生活状況の変化を示す。貧困を評価する方法として相対的貧困と共に、ＥＵ諸国では剥奪指で評価されており、日本での指標作りが提案されている（阿部、２０１８：27）。この剥奪指標をみると、「専用の机」と「専用の自転車」が貧困世帯で暮らす子どもでより奪われていた。「専用のゲーム機」も同様の傾向がみられた。貧困世帯の子どもたちにとって、これらの剥奪は学ぶ機会や友だちと繋がる機会を奪うことにつながる。他の調査でも指摘されているが、スマホの保有割合には両群間で差がなく、友だち関係を維持する上で、スマホは子どもたちの最優先ツールである（平成30年度沖縄県小中学生調査報告書・沖縄県ＨＰ）。

表4　2021年10～15歳の子ども自身の回答

剥奪の有無 2021	専用机あり	専用自転車あり	専用スマホあり	小遣いあり	専用ゲームあり
非貧困	158/184(86%)	171/184(93%)	107/184(58%)	121/184(66%)	126/182(69%)
貧困	10/16(63%)	12/16(75%)	9/16(56%)	11/16(69%)	7/16(44%)
p値	<0.05	<0.05	1.00	1.00	0.05
平日のゲーム	1時間未満	2時間未満	3時間未満	4時間未満	4時間以上
非貧困	117/184(64%)	42/184(23%)	14/184(8%)	8/184(4%)	3/184(2%)
貧困	8/16(50%)	3/16(19%)	1/16(6%)	1/16(6%)	3/16(19%)
p値	0.29				<0.05
仲のいい友だち	部活スポーツ	塾の友だち	習い事の友だち	学校の友だち	特にいない
非貧困	45/184(24%)	7/184(4%)	15/184(8%)	163/184(89%)	6/184(3%)
貧困	4/16(25%)	2/16(13%)	0/16(0%)	11/16(69%)	3/16(19%)
p値	0.76	0.16	0.61	0.32	<0.05
平日家族以外の大人と過ごす	よくある	時々ある	あまりない	まったくない	
非貧困	115/184(63%)	31/184(17%)	21/184(11%)	17/184(9%)	
貧困	1/16(6%)	1/16(6%)	1/16(6%)	13/16(81%)	
p値	1.00			<0.05	
楽しみにしていることがある	いつもそうだ	よくある	時々ある	たまにある	そんなことない
非貧困	11/184(6%)	38/184(21%)	47/184(26%)	54/184(29%)	34/184(18%)
貧困	1/16(6%)	7/16(44%)	5/16(31%)	1/16(6%)	2/16(13%)
p値	0.08			<0.05	
学校の成績をどう思うか	よい	比較的よい	真ん中あたり	あまりよくない	よくない
非貧困	37/184(20%)	54/184(29%)	55/184(30%)	24/184(13%)	14/184(8%)
貧困	3/16(19%)	1/16(6%)	5/16(31%)	3/16(19%)	4/16(25%)
p値	0.07				<0.05
1日の勉強時間	勉強しない	<30分	<1時間	<2時間	2時間以上
非貧困	4/184(2%)	39/184(21%)	74/184(40%)	41/184(22%)	26/184(14%)
貧困	5/16(31%)	3/16(19%)	6/16(38%)	2/16(13%)	0/16(0%)
p値	<0.05			0.06	

注：検定法はχ^2乗検定およびFisher直接法

気になるのは平日のゲームの時間である。2019年には非貧困、貧困いずれの世帯の子どももゲームの時間が長くなるにしたがって回答数は減少していたが、2021年では表4のように、貧困家庭の子どもの一部が4時間以上を費やしていた。友だちと過ごすには、一緒に遊べるためのツールが必要であり、部活動には用具の購入や遠征費などが必要になる。表にある「家族以外の大人」とはスポーツや習い事の指導者、部活の顧問、塾の先生や家庭教師などで、いずれも経済的余裕が必要となる。それが難しい場合は、必須アイテムであるスマホで友だちと長時間つながるしかないコロナ禍の状況が想像される。

2021年には、貧困世帯の子ども

で「楽しみにしていることがある」が少なかった。経済的な事情が子どもの日々にマイナスに作用している可能性が示唆され、この点を筆者らは別の調査で明らかにしている（Takeuchi et al., 2022b: 28）。また、学習に関する設問への回答では、貧困世帯の子どもたちの中に２０２１年調査で「成績がよくない」及び「家で勉強しない」の割合が高く、より学びが困難となっていた。

6．ケイパビリティの最適化の視点

(1) 子どもの権利条約と子どもたちの声

本来、子どもは自分のもつ可能性を発揮できる権利をもっている。子どもの権利条約（＝ＣＲＣ１９９０発効１９９４年日本批准）の序文には「家族が、社会の基礎的な集団として、並びに家族のすべての構成員、特に、児童の成長及び福祉のための自然な環境として、社会においてその責任を十分に引き受けることができるよう必要な保護及び援助を与えられるべきである」（政府訳）とあり、家族の重要性と共に社会の責任が明記されている。

全ての子どもたちには、「ありたい」「なりたい」自分を自由に思い描け、その実現の可能性を提供される権利がある。ケイパビリティとはこの可能性の総体をいう。

２０２１年調査の自由記述にこんな声が寄せられていた（武内、２０２２）。「将来のことを聞かれると分からない」（12歳）、「総理大臣は大人のことしか考えていない」（13歳）、「なんで女子はスカートなんだ、白靴下じゃなくていいだろ」(13歳)、「過去のいじめで学校に行けない、学校がもっと自分を理解してほしい」(14歳)、「不条理な社会と思う」(14歳)。子どもたちは、ケイパビリティを発揮できず苦しんでいる。

(2) 貧困は構造的暴力

筆者は、子どもの貧困解決の根幹にあるべき思想は、子どもの選択の自由が確保され、子どもの「ありたい」「なりたい」を叶える社会を作ることだと述べた。そのためには、CRCにある「生きる力、公平性と平等、権利の行使」を学べる無償の公的教育と、社会的弱者である子どもへの経済及びサービス両面からの支援が必要となる。前章で示したように、同じ新自由主義を進める保守政権のイギリスと比較すると、政府の教育予算は6割以下、生活保護給付は約4割に留まるなど、日本の教育や福祉に関わる予算は社会的弱者を支える役割を果たしていない(Takeuchi et al., 2022a)。子どものもつ「ありたい」「なりたい」思い=ケイパビリティの最適化は、わが国での子ども擁護、共生社会づくりの鍵である。

「貧困とは何か」との問いに対して、リスターは「貧困をいかに定義するかは、その概念を政治的あるいは科学的に論争するために決定的に重要である。定義は解釈と密接な関係にあり解決を含意し、価値判断もふくまれる。そのため、定義は社会科学活動としてだけではなく政治的活動として理解されねばならず、そのためにしばしば論争の要因となる。単一の『正しい』定義というものはない」と著書の中で述べ、貧困を車輪にたとえた。経済的、物質的な欠乏を車軸としながらも、象徴的な関係性の面をその外輪に配し、外輪部分は社会的、文化的な関係性で貧困を形成しているとした（リスター、２０１１：29）。このように、貧困は多面的に関係性を傷つけている。貧困は、子どもの「ありたい」「なりたい」との思い、夢を奪っている。

貧困に伴う不公平を構造的暴力として明確化したい。その背景には、先に紹介した全国の医療機関を対象に実施した子育て世代の生活実態調査の結果に対する戸惑いがある（武内、２０２２）。それは、貧困基準線以下の生活状況の親の生活への評価が3分の1以上で「普通かそれ以上」だと回答し、3分の2は今の生活を「幸せ」だと回答していた。現状に適応して受け入れなければ、人は精神的なバランスを崩しかねない。相対的貧困家庭に暮らす子どもたちは、そうした親の価値観のもとで、ケイパビリティを発揮できず暮らしている可能性がある。共著者鈴木は、5章で構造的暴力に触れている。

（3）ケイパビリティの最適化をめざすアプローチ

改めてケイパビリティを考える。ケイパビリティの最適化をめざすアプローチは、子どもが何をすることができるのか、あるいはどうあることができるのか、言い換えれば、生活の質（ＱＯＬ）をどう最適化できるのかという点に焦点を当てている。センはそのことを「人の優位性に対するケイパビリティアプローチは、生活の一部となる様々な価値のある『よくある』『よくなる』というファンクショニング（Functionings）を達成するための実際の能力に関して評価することに関係している。社会的な優位性に対応する類似のアプローチは、制度や政策の選択と同様に集合的な評価にとって、そのような評価の関連する情報の基礎の不可欠で中心的な部分を構成する個々のケイパビリティのまとまりといった形態をとる」と述べている（Sen's Capability Approach. International Encyclopedia of Philosophy HP）。

ケイパビリティの最適化は、子どもの貧困の根絶と不可分の関係にある。なぜなら、子どもの生活の基盤としてあるべきモノや時間、関係性の欠乏は、ケイパビリティを狭く小さくするからだ。そこで、子どもたちにとって公平な社会を共通認識とするために、子どもたちへの支援を社会の責任と位置づけるための理論として、「ケイパビリティの最適化」が必要となる。ケイパビリティの考え方は、国際社会に広く根づきつつある。ＣＲＣでは、第４条で子どもの経済的、社会的、文化的権利の最大化を謳っていて、それはケイパビリティの最適化だといえる。

国連が２０３０年に向けた持続可能な開発目標（ＳＤＧｓ）の第一に掲げる目標「貧困の根絶」に関して、２０１７年のレポートカードでユニセフは、高所得国における子どもの貧困の割合がおおよそ５人に１人であることを示し、子どもの貧困を多面的に測定することの重要性を強調すると共に、その根幹にある格差を是正するために金銭の社会移転が、貧困削減に非常に有用であると論じた（UNICEF Innocenti Report Card 14, 2017:30）。しかし、日本政府の貧困対策には、具体的な子どもの貧困解決への道筋が明確でない（「子供の貧困対策に関する大綱」内閣府ＨＰ）。生活保護受給率の低さでも述べたように、経済的弱者との共生社会づくりには、個別性と普遍性両面からの支援が必要である。

そのためにも、子どもが貧困の中で暮らすことで不利益を被ることを根拠に基づいて明確化し、子どもの貧困は根絶すべきであるとの基本的合意が重要となる。子どもが「ありたい」「なりたい」を自由に思い描ける権利を保障する社会を築くことは、格差を容認する立場、新自由主義を是とする立場であっても合意できるのが、子どもの権利としてケイパビリティの最適化を位置づけることで、貧困のない社会に近づくことができる。ケイパビリティの最適化、子どもが「ありたい」「なりたい」思いを制約なく考える自由の保障のためには、全ての子どもたちへの就学前の質の高い生活力が身につく場、あるいは広い意味での教育の場が必要であり、さらに高等教育の無償化が必要である。そして、社会経済的な支援を要する子どもとその家族への個別性のあるサポートが合わせて求められる。

ケイパビリティの最適化を貧困問題と共に論じたが、ＩＣＦにみるように障害をもつ子どもたちとの共生社会づくりでも、その思想は鍵となる。

7．子どもと共に進める研究

Christensen ら（デンマーク２００２）は、子どもたちを研究への参加者さらに共同研究者と捉えるべきだと主張した（Christensen et al., 2002:31）。また、Kellett（イギリス２０１０）は、参加型の研究あるいは子どもが主体者となる研究の重要性を明確化した（Kellett, 2010:32）。

(1) コロナ禍の子どもたち

新型コロナウイルス感染症の子どもへの直接的な影響は深刻ではない。一例として陽性者に占める死亡割合は小児では０・００１から０・００３％で、その影響はおそらくＲＳウイルス感染症やインフルエンザよりも小さい。一方、２０２０年３〜５月の突然の学校閉鎖、その後の分散登校などで子どもた

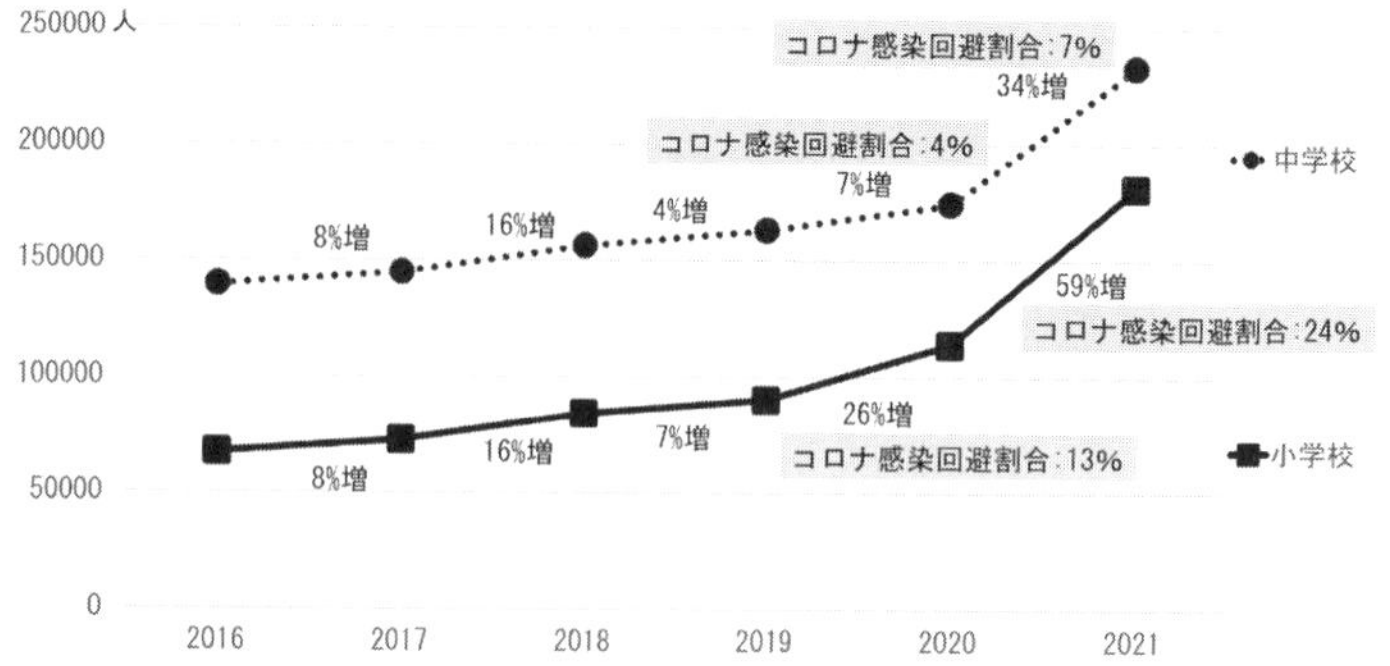

図4　小中学校における長期欠席の状況（2016～2021年）

注：文部科学省資料より筆者作成

ちの日常は大きく制約を受け、パンデミックの間接的な影響は、長期欠席の増大や自殺者の急増などの新たな問題を引き起こしている（図4）。

ＣＲＣは、子どもの基本的人権を国際的に保障するために定められた条約であり、子どもを権利の主体者と位置づけ、ひとりの人間としての権利を謳っている。子どもの生存、発達、保護、参加という権利のために必要となる具体的な事項が各条文に示されている。そうした視点からみると、この間の学級閉鎖に始まるさまざまな子ども自身に関わるコロナ禍での政策決定に、子どもたちはまったく関与できず、権利のないまま義務だけを負わされてきたといえる。

（2）子どもの権利条約に基づく子どもの権利対話

筆者らは、ＣＲＣ第12条にある「子どもたちは自分に関わる事項に対し、自由に意見表明する権利」に基づき、子どもたちを主役にコロナ禍にある彼ら自身による、権利条約の各条文に関するグループでの話し合い（グローバル子どもの権利対話 Global Child Rights Dialogue = GCRD）を行った。韓国、スウェーデン、タンザニア、日本による国際プロジェクトで、子どもたち自身による政策提言が目的である。

日本国内で行われた第2条「誰も差別されない権利」のＧＣＲＤを紹介すると、子どもたちは、具体的な差別として男女差別、コロナ差別、年齢差別、外国人差別、性的マイノリティ差別の5つを挙げ、そうした差別をなくすための四つの政策提案があり、その一つが「性別をなくすことで男女差別や性的マイノリティの差別をなくすようにする」であった。子どもたちの発想には、大人にはない自由さがある。

第12条にある子どもの意見表明権について、日本・韓国・スウェーデンでのＧＣＲＤを比較すると、日本と韓国からは、弱い立場の子どもが意見を最後まで言えて聞いてもらえる、選挙できない子どもが何か別の方法で意見を言える、といった提案がされた。一方、２０２０年に全ての国内法を子どもの権利条約に適合させたスウェーデンの子どもたちの政策提言に関する結論は、「声を上げ、特定のメッセージを政府に広める必要性を感じない」であった。スウェーデンのように、子どもたち自身が子どもに関わる政策決定に関与できる必要がある。

このＧＣＲＤの取り組みは、社会小児科学という新たな学問領域の実践である。

8．当事者と医療界の協働の可能性：地球の未来

ここまで、障害をもつ子どもたちと貧困下にある子どもたちの姿を明らかにしながら、共生社会を如何につくるのかを考えてきた。その中で、子どもたちのケイパビリティの最適化が重要であることを強調し、社会小児科学の追求の中で子どもたちと共に研究を行った例を示した。当事者こそが主役であることを最後にさらに明らかにして、「困難の中で育つ子どもたちとの共生」を締め括りたい。

⑴ 細菌性髄膜炎から子どもたちを守る会

２００５年10月に生まれ5か月で肺炎球菌髄膜炎に罹患した田中世生君は、髄膜炎後遺症をもつ一人である。世生君の母美紀さんと筆者が中心となって、２００６年秋「細菌性髄膜炎から子どもたちを守る会（Japan Child Meningitis Organisation、以下 JaCMO）」を発足させた。世生君は難治性てんかん、四肢麻痺、高度難聴などの重い後遺症と向き合っている。細菌性髄膜炎の主要な原因菌への感染を予防するヒブワクチンと小児用肺炎球菌ワクチン（以下ＰＣＶ）の早期定期接種化を求める美紀さんを突き動かしているのは、同じ苦労や悔しさを誰にも体験して欲しくないとの願いである。

ＪａＣＭＯは、ヒブワクチンとＰＣＶの定期接種化を求める活動を通じて20万筆を超える署名を集めて厚労省と国会へ提出し、さらに歴代厚労大臣へ定期接種の要請を行った。この運動が大きな力となり、２０１０年11月に二つのワクチンは無償接種が可能となり、２０１３年4月には定期接種に組

み入れられた。一方、アメリカでは1987年にヒブワクチン、2000年にPCVが定期接種となり（Kroger et al., 2015:33）、欧州各国でも1990年頃からヒブワクチンが、2000年頃からPCVが定期接種化され、日本だけがヒブワクチンで20年以上、PCVで10年遅れて、各々接種が始まった。20年のワクチン導入の遅れによって、ヒブ髄膜炎だけで12,000人の罹患を防げなかったことになる（石和田他、2007：34、西村、2008：35）。患者全体の1,600〜2,800人に後遺症が残り、200〜600人の命が奪われたと推計される（加藤他、1998：36）。しかし、誰もその責任をとっていない。

ワクチンの効果は劇的で、正確な統計のある鹿児島県や千葉県の調査から、ヒブワクチン定期接種化以降、ヒブ髄膜炎の発生はない（西他、2013：37；Ishiwata et al., 2014: 38）。

この運動は、患者会に医療が加わり社会を動かすに至った社会医学的アプローチのよき実践例であり、社会小児科学という新たな地平を拓く歴史的な取り組みであった。

（2）子どもたちこそが主体者

スウェーデンの環境活動家グレタ・トゥーンベリは、地球温暖化への対応を各国が真剣に考える機運を築く上で、世界的な影響力を発揮している。彼女は14歳で活動を始めた。女性の学ぶ権利を主張し銃撃されながらもその信念を貫くマララ・ユスフザイは、17歳でノーベル平和賞を受賞した。

子どもたちはこれから半世紀以上を生きる権利がある。未来に生きるのが彼らであるならば、未来をつくるのも彼らである。彼らの今を豊かにし、彼らに未来を託すため、子どもたちのケイパビリティの最適化を叶える共生社会を今つくり始めることが、私たち大人の責任である。

（本章は、科研2022年度基盤研究（C）課題番号22K01994「子ども自身を主体者とする権利擁護に関する研究――コロナ禍での権利侵害の海外比較」、2022年度佛教大学総合研究所共同研究「新型コロナ感染下における子どもの権利擁護」、第30回（2021年度）ファイザーヘルスリサーチ振興財団国際共同研究「新型コロナ感染下における子どもの権利擁護――海外諸国との比較検討」の成果物です）

第5章　共生のルネサンス――障害のある人々の平等回復のために

鈴木　勉

はじめに

７００万年に及ぶといわれる人類進化の歴史の中で、われわれの直接の先祖であるホモ・サピエンスは約30万～20万年前にアフリカで生まれたと推定されている。長い人類史において、障害のある人々は社会の中でどのような位置にあったのだろうか。

筆者はそれを大づかみに区分すると、人類史の大半を占める原始共産制社会における「共生」、古代専制国家の成立から資本制社会の今日に至る「排除」、そして１９５０年代初頭に、バンク‐ミケルセンによってノーマライゼーションが提唱された以降を「共生の復興（ルネサンス）期」ととらえる。

その際、注目すべきは「特別なケア」の提供によって障害のある人（persons with disabilities 以下、障害者と略記する場合もある）に「ノーマルな暮らし」を実現するとともに、障害のある人を排除せず受け容れる「ノーマルな社会」を創造しようとするノーマライゼーションの主張である。ケアの保障による共生社会像を提示したものといえよう。

現在の福祉政策は、こうしたノーマライゼーションの提起に応えて推進されているといえるであろうか。政府が2016年7月に設置した「『我が事、丸ごと』地域共生社会実現本部」(本部長:厚生労働大臣)では、「『地域共生社会』を今後の福祉改革を貫く基本コンセプト」に位置づけ、関係法令の改定も日程に上げ、公的ケアの抑制を推進する方針を示している。政府がいう「地域共生社会の理念」とは、「制度・分野の枠や、『支える側』『支えられる側』という従来の関係を超えて、人と人、人と社会がつながり、一人ひとりが生きがいや役割をもち、助け合いながら暮らしていくことのできる、包摂的なコミュニティ、地域や社会を創るという考え方」というものである。

ノーマライゼーション理念の検討は一切なされておらず、人々の「助け合い」をベースとした「みんなで支えあう社会」という漠然とした表現にとどまり、医療・社会保障給付の抑制を目的とする新自由主義改革の頭につけた空疎なスローガンという印象をもつ。

共生をどのように理解するべきか、福祉政策の現代的イッシューとなっている。本稿では、共生社会の実現をめざす障害者福祉分野からのアプローチを示す。

1. 原始時代の末期、人類は障害のある人たちと共生していた

原始、障害のある人は群れから排除されず、世話を受けながらもできる仕事を分担して生き抜いてきた。アフリカで誕生した人類は、動物界で最も弱い存在であった。強力な牙や爪をもつ猛獣に遭遇すれば、二本足の人間は逃げ足が遅く、容易に倒された。最弱の動物である人間が、現在まで生命をつないできた秘密は何にあったのであろうか。それを高谷清（びわこ学園医師）は、人々の「協力・分配・共感」にあったと述べる。狩りや植物採取などを「協力」して行い、その成果物は全構成員に平等に「分配」し、互いの心を通い合わせることによって集団内での「共感」能力を高めてきたという（高谷、２０１５：２０１１）。

原始時代の遺跡から、障害があっても天寿を全うした人の骨が数多く発見されている。有名な事例は、20万年から3万年前にヨーロッパや中東で生きていたネアンデルタール人（ホモ・サピエンスに先立つ近縁人類）の遺跡の1つであるイラクのシャニダール洞窟にあり、他の死者とともに花束を供えて葬られたと思われる身体障害者の骨が発見されている。この人は生まれつき右腕が萎縮していて、死亡年齢は当時としては長命といえる40歳程度だったと報告されている。[26]

日本の例を挙げると、河野勝行は縄文時代後期に属すると思われる北海道の西南部の入江貝塚から出土した人骨を紹介している。この人は生前ポリオかそれに類する病気に罹り、その後遺障害のため重い四肢麻痺となり、十数年間は寝たきりの状態であったとみられている。さらに、縄文後期から弥生前期の遺跡で発見された人骨のうち、大腿部骨折者で治癒痕をもつ者が10例ほど報告され、なかには副木《そえぎ》を使用していたと推測されるケースもあるという。治癒までに数か月を要し、回復しても強い歩行障害を

26　発見者のラルフ・S・ソレッキ（香原・松本訳、１９７７）を参照。なお、三井（２００５）は、その後の考古学の研究をふまえて、献花されていたか否かはまだ定まっていないと指摘している。しかし、同じ墓地に葬られたことは事実である。

残し、一人前の労働は見込めなかったと思われる人たちであったが、一定の治療が施され、治癒までの生存を保証されていたのである。また、彼らの多くは治癒後も生活行動に不自由があったと想像されるが、注目されるのは、受障後も群れから遺棄されず、一定の役割をもって生き続け、生産物の平等分配を受けていたことである。さらに、弥生前期には、かなり重症の小頭症者（その多くは知的障害などを伴う）が成人に達した人骨が発見されているという。

上記に示したわが国の縄文時代から弥生前期遺跡の発見をふまえると、原始時代の末期においては障害を受けても共同体での生存は認められていたと推測でき、今日のわれわれが言う「障害者問題」は生じない経済メカニズムの下にあったということができる。河野によれば、わが国の原始共産制社会の末期に障害者の生存を保障したのは、「いわゆる剰余生産力の存在と、その平等な分配機構という社会的条件」があったからと述べている（河野、1981：1991）。

2. 国家の成立と障害者問題の発生

農耕・牧畜の発展により生まれた剰余生産物を収奪する支配者（国家）が出現して以降、生産に寄与できない障害者の排除が始まる。身分制社会の古代・封建時代にあって、そして資本制社会への移行後に顕著になったのは、障害者は生産の役に立たない者として排除の対象となり、家族扶養に任されるか、それが不可能な場合は遺棄されたのである。

つまり、障害者問題の発生である。障害者問題とは何か、筆者は次のように考えている。「障害それ自体によって生じる不自由の総称を障害者問題と呼ぶのではなく、身体的・精神的に何らかの障害をもつという、その人の属性の1つに過ぎないことによって社会的な生産に参加することを阻止され、自立的な生活が営めなくなり、その人がもっている発達可能性が潜在化されることを『障害者問題』ととらえるべきであるということである。要するに、その社会の生産とそのための労働のあり方＝経済メカニズムが、障害者を受け入れるのか、排除するのかを決めるのである」（鈴木・田中編、2019：4）。

3．市民革命期の平等論——「能力にもとづく平等」論のパラドックス

ところで、資本主義という経済メカニズムを平等という視点からとらえると、どのような光景が見えてくるのであろうか、ここでは封建社会から近代資本主義社会への転換期において提案された、近代平等原則の意義と限界を考えてみよう。

資本主義社会への移行は市民革命を通して実現したが、市民革命期の平等観を成文化したものとしては、フランス革命期のいわゆる人権宣言（『人及び市民の諸権利の宣言』1789年）をあげることができる。市民革命の課題は「自由・平等・友愛」というスローガンに端的に示されるが、そこでは平等とは封建的身分拘束からの解放として自覚されていた。同宣言の第6条では「すべての市民は、この法律の目から見ると平等であるから、おのおの能力にしたがって、徳と才能における差異以外の何らの差別

もなく、あらゆる高位、地位、公職に就くことが等しく許される」[27]とある。

つまり、個人の評価はその人の「能力」のみにもとづくべきであって、出身階級等を評価の対象にすべきではないというのである。たとえ出身が貴族であっても「無能」であれば政府高官たりえないというべきで、「有能」であれば商人や農民であったとしても、しかるべき社会的な地位に就くことができるという考え方である。封建的な身分制を否定する論理として「能力」をあげるこのような考え方は、人を評価するにあたって、各人の能力以外の、たとえば性・人種・信仰等の属性を含めるべきではないという論理にもつながるといえよう。市民革命期には否定され、その実現は20世紀以降にもち越されたとはいえ、原理的に考えると、「能力」が備わっていれば、女性や有色人種であってもしかるべき地位に就けるということになる。アンシャンレジームを支えてきた封建的な身分制支配を打破した市民革命は、こうして人間解放の有力な思想として「能力にもとづく平等」という平等理念を提供することになったのである。

しかし問題は、自然的・社会的原因によって能力に制約を負った人々にとって、「能力にもとづく平等」論は、彼らへの低劣な処遇を合理化する考えとして働くという問題を引き起こすのである。多数の人々には、身分差別や女性差別、人種差別が「ゆえなき差別」として解放の武器となるこの平等観が、能力に制約のある障害者にとっては、「ゆえある差別」として解放の桎梏になるというパラドックスを抱え込んでいるのである。現在の資本主義経済の下で、労働能力の制約や低下を理由に、障害者が雇用の場から排除されたり、最低賃金以下で働かされたり、高齢労働者の強制退職制度である定年制が導入されているのは、その証左である。

別の言い方をすれば、資本主義という経済メカニズムは、労働能力に応じて利潤を生む可能性に応じて平等に扱うという合理性をもっているのであり、こうした「資本主義的合理性」は障害者に対する差別的処遇をいっそう強化する論理として機能している（佐藤、２０００：６）。

このような「近代平等原則」を超える思想は何に見出すべきであろうか。まずは第1に、人の能力をどのようにとらえるべきか、糸賀一雄の重症心身障害児観を検討する。糸賀は、重症心身障害児を他者から援助を受けるだけの無能な存在ではなく、「立派な生産者」として社会的な貢献をしていると言っているので、その意味を検討したい。

第2は、「能力にもとづく平等論」を超える「現代平等原則」を示したのはノーマライゼーションにあると思われるので、その提唱者であるバンク-ミケルセンの主張を検討する。

第3には、ノーマライゼーション理念の国際的な展開を背景に国連で成立した「障害者権利条約」（２００６年採択、２００８年発効、日本は２０１４年批准）が、障害のある人の実質平等をどのように実現しようとしているのかに注目して紹介する。

27 『人権宣言』の訳は古茂田宏による。出所は『思想と現代』16号（１９８８）。

4．糸賀一雄の重症心身障害児観――「この子らを世の光に」

保育や教育、介護・福祉など対人援助の仕事にとりくむ場合、対象となる人間と発達のとらえ方をめぐって大きな課題がある。特に重い病気や障害があり、自力では通常の生活行為が行えず、生命維持さえ困難で、医療など他者の援助を常時必要とする人々の人間存在の意味を考える必要がある。筆者も学生時代に重症心身障害者施設を訪問したことがあるが、そのとき出会った人の何人かは、じっと動かず、呼吸をしているかも定かではなく、ちょっと見た印象では、「生《マ》ける屍《マ》」という言葉さえ浮かんだことを思い出す。

このような命の極限状況を生きている人々の「生」を、どのようにとらえたらよいのであろうか。その当時、読むよう勧められた本がある。タイトルは『福祉の思想』（ＮＨＫブックス、１９６８）、著者は糸賀一雄である。糸賀は、それまで医療からも福祉からも対象とされず家族扶養に任され、公的施策がなかった重症心身障害児を受け入れる施設づくりを推進し、「びわこ学園」を開設した人物である。[28]

当時、家族に扶養が押しつけられることで、日々の介護に追われ、将来の見通しもてず、子殺しや親子心中（子殺しと自殺）などの悲劇的事件が多発していた。こうした状況に心を痛めた糸賀は、運営していた施設にこれら重症心身障害児を受け入れ、日夜彼らとともに生きるなかで発見し、考えた事柄を前掲書では次のように述べている。

「～ちょっと見れば生ける屍のようだとも思える重症心身障害のこの子が、ただ、無為に生きているのではなく、生き抜こうとする必死の意欲をもち、自分なりの精一杯の努力を注いで生活しているという事実を知るに及んで、私たちは、いままでその子の生活の奥底を見ることができなかった自分たちを恥ずかしく思うのであった」。「この子ら（重症心身障害児）はどんな重い障害をもっていても、だれととりかえることのできない個性的な自己実現をしている」のであり、「その自己実現こそが創造であり、生産である」「この子が自ら輝く素材そのものであるから、いよいよみがきをかけて輝かせようというのである」。すなわち「この子らに世の光を」ではなく、「この子らを世の光に」なのだと。

糸賀は、不治永患とか教育不能といわれ、医療からも教育・福祉からも切り捨てられていた重症心身障害児が、「普通児と同じ発達の道を通る」、「障害に応じた対策は多様であるが、その発達は一様に保障されなければならない」という人間発達の共通性に関する科学的知見と発達保障理念に支えられ、「私たちのねがいは、重症な障害をもったこの子たちも、立派な生産者であることを認めあえる社会をつくろうということである」と述べている。

ここに示された糸賀の重症心身障害児観とは、彼らが無能な存在として社会から援助を受けるだけの保護の対象ではなく、「立派な生産者」として社会的貢献を行っているというのである。ヒューマニズム思想の多くは、他者や社会への貢献があろうとなかろうと、人間は多様な存在形態において独自性をもっているのであり、それゆえ価値があるという論法で彼らの存在意義を説明するが、糸賀は「この子ら」は無能ではなく、能力のちがいはあっても、他者や社会への貢献があるから価値があるというので

28 糸賀の生涯と思想については、高谷（2005）を参照。

ある。

糸賀の業績は、近代ヒューマニズム思想がとらえた人間像が抽象性を免れなかったのに対して、「この子ら」の内面世界まで入り込むことで彼らの発達可能性を確信し、「発達保障」理念を提唱したのである。

5．現代平等思想としてのノーマライゼーション

(1) 反ナチズム・平和思想としてのノーマライゼーション

ノーマライゼーションという用語が世界で初めて使われたのは、スウェーデンの社会庁に設置された「障害者雇用検討委員会（略称）」報告書（1946年）においてであり、「ノーマライゼーション原理」（河東、2009）という表現が使われている。その7年後の1953年に、バンク-ミケルセンは、当時のデンマークの障害者状態を変革する理念としてノーマライゼーション（デンマーク語ではノーマリセーリング）を提唱した。

バンク-ミケルセンは、コペンハーゲン大学在学中に反ナチズムのレジスタンス運動に参加して捕えられ、強制収容所に3カ月投獄された体験をもっている。ナチス支配から解放された後、復学して卒業し、デンマークの社会省の職員に採用され、知的障害者の福祉行政を担当することになった。当時、知的障害者は中には1500床以上というような巨大施設に終生収容され、本人や家族の了解なしに優

生手術が実施されていた。彼はこのような処遇の実態に深く心を痛め、知的障害者の施設での生活は「ほんとうに悲惨で、（かつて投獄された）ナチスの強制収容所とすこしも変わらないもの」（花村訳著、2009）と感じていた。

その一方で、国内各地で1951年から52年に設立された知的障害者の親の会は、わが子に対するこうした非人間的な処遇を改めるよう、強く政府に求めて活動していた。親の会の活動にバンク－ミケルセンが個人的に協力していたこともあり、社会大臣に提出する要請書の起草を依頼され、1953年に提出された要請書のタイトルに「ノーマライゼーション」を使用したのが、デンマークにおけるこの言葉の始まりである。

このように、デンマークにおけるノーマライゼーションとは、歴史的に見るならば、知的障害者の親の会から発せられた問いに対する、バンク－ミケルセンの協力の産物として成立した理念であり、それは第二次世界大戦中デンマークを占領したナチスへのレジスタンス運動の経験をふまえて、障害者に対する「隔離・収容・断種」政策と、かつてナチスがユダヤ系市民やロマ族、障害者たちに行った「隔離・収容・絶滅」政策との思想的同根性を鋭く指摘するものとなっている。また、スウェーデンのニィリエも、ストックホルム大学在学中に反ナチズムのレジスタンス活動に参加しているが、これは偶然とはいえないであろう。つまり、ノーマライゼーションという福祉の新しい原理は、ナチズムを支えた人間観への根本的批判を背景にして、障害者がおかれていた反福祉的現実に対する平和－福祉思想として登場したということができる。

平和とは一般に戦争の反対語と理解されているが、正確には、戦争を含む諸暴力の反対語というべきであろう。暴力とはそれを受ける人を無力化し、人間存在を真っ向から踏みにじる点にその本質がある。「非暴力・平和の文化」（浅井、２０１３：25）を形成することは現代社会の最大課題といえるが、ノーマライゼーション理念が障害をもつ人々の平等回復の思想であるとともに、反ナチズム・反暴力の平和思想として登場したことを想起しておきたい。

この点に関連して、「反暴力」を平和学の基礎に位置づけるノルウェーのヨハン・ガルトゥングの研究があるので、これを紹介したい。彼は暴力を直接的暴力と構造的暴力の2つの類型でとらえ、平和学の構成要素を次のように示している。すなわち、「直接的暴力」（＝戦争）がない状態を「消極的平和」として、「構造的暴力」（＝貧困・抑圧・差別など）がない状態を「積極的平和」とする考え方である（ガルトゥング・安斎他訳、２００３）。平和学の提案に従えば、「共生社会」とは「構造的暴力」に対して、第1に「反貧困」としての福祉（well-being）、第2には「反抑圧・差別」としての平等（equality）の基本理念が打ち立てられるであろうし、さらに第3として「直接的暴力」である戦争を否定する平和（peace）を加えた、3つの基本原理によって構成される社会といえよう。

（2）ノーマライゼーションとは何か

ところで、行政官であることに徹したバンク–ミケルセンは、「ノーマライゼーションとは、障害のある人たちに、障害のない人と同じ生活条件をつくりだすことである」という誰にもわかりやすい見解を示している。以下ではバンク–ミケルセンの主張にもとづいて、ノーマライゼーションをどのように理解したらよいのかについて述べる。彼の著述を読むと、ノーマライゼーションとは障害者に特別なケアを提供することにより「ノーマルな暮らし」を実現するとともに、彼らを排除しない「ノーマルな社会」づくりという2つの要素が含まれている。

障害者に「特別なケア」を行うことで「ノーマルな暮らし」を実現する

第1には、障害者に通常の障害をもたない市民と同様の生活条件を提供し、人間としてふさわしい「ノーマルな暮らし」を営むことができるようにすべきであるという、実質的平等の実現を提起していることである。ただし、ここで注意を要することは、障害があるため特別のケアを必要とする場合には、当然そうしたケアが十分に提供されるべきであって、それによって他の同年齢の市民と同等の生活を営むことができるようにすることである。たとえば、入所施設よりは家庭での暮らし、特別支援学校よりは普通学校の方が、ノーマライゼーションが実現しているように見えるが、そうして選んだ先が、育ちの場として不適切であり、障害に対する適切なケアを欠く場であったとしたら、現在の障害に加えて別の新たな障害や困難を招きかねないことに留意しなければならない。形式的な側面だけに目を奪われるのではなく、「人生・生活の質」（Quality of Life）の実現という視点からノーマライゼーションをとらえることが必要である。

その点について、バンク−ミケルセンも「障害がある人にとっては、その国の人々が受けている通常のサービスだけでは十分ではありません。障害がある人が障害のない人と平等であるためには、特別なケアが必要なのです」と述べているように、ノーマライゼーションを形式的に理解してはならず、実質的平等を実現するために、障害に対する特別の配慮（ケア）の保障を強調しているのであり、しかもそうした特別なケアは、できるかぎり通常に近い方法で提供するよう努力することを求めているのである。要するにノーマライゼーションとは、障害をもつ人々が適切なケアを受ける権利を行使しつつ、個人の生活においても社会的活動においても、可能なかぎり通常の条件の下で、通常の仕方でその能力を発揮し、それを通して社会の発展に貢献することと理解される必要がある。

障害者等少数者を排除しない「ノーマルな社会」づくり

ノーマライゼーションには、第2に、「国際障害者年行動計画」の一節を借りるなら、「障害者等少数者を締め出す社会は、不毛で貧しい（日本政府訳では、弱くてもろい）社会である」と表現されるように、権利主体の側から社会の質を問う視点が含まれている。

バンク-ミケルセンは来日したときの講演で、「この考え方は新しい意義でも原理でもなくアンチドグマみたいなものであります。なぜなら障害者のおかれていた状態は正常者によって決めつけられていたもので、これを打破する必要性によって生じたものであるからです。ノーマライゼーションの原理は障害者を一般住民と差別して処遇してきた国々にとって意義あるものとなります」（『日本ソーシャルワーカー協会会報』7号、1985）と述べている。つまり、ノーマライゼーションとは、障害者を排除し、差別的に取り扱ってきた社会の能力主義的な人間評価原理に対する反省の上に立って、障害者が障害をもたない市民と対等平等に存在する社会こそ「ノーマルな社会」であり、「能力のちがい」を認め合える社会に変革することを指向する視点を含んでいる。

6．現代平等論の地平――「障害のある人の権利条約」の成立[29]

(1)「障害者権利条約」批准の意義

障害者の権利保障を考えるとき、一般的な権利保障の規定があっても権利が守れない場合がある。たとえば、自由権の1つである自由な移動が法的に認められても、移動を助ける機器や人手（提供手段の保障）が結びつかなければ、身体に障害のある人の移動の権利は実現しないのである。この例にみるように、障害のある人の権利を実質化するためには、自由権を担保する社会権にもとづく施策がその障害のある人に見合った形で保障されなければならない。バンク－ミケルセンが述べているように、障害がある人にとっては通常のサービスだけでは十分とはいえず、「障害がある人が障害のない人と平等であるためには、特別な配慮が必要」なのである。

ノーマライゼーション思想の発展を「障害者権利条約」にみてみよう。同条約の成立を促した理由は、世界人権宣言がすべての人々の権利を規定しているにもかかわらず、障害があるためにその権利が侵害されている人々が存在している事実に着目し、この解決を国際社会の責務と考えたからである。また、権利条約の作成にあたっては、障害当事者の意見を重視し、各種専門家とともに障害者団体が大きな役割を果たした。“Nothing About Us Without Us”（私たちを抜きにして私たちのことを決めないで）のスロー

29　ノーマライゼーションと障害者権利条約の関連、同権利条約の評価に関しては、鈴木（2009）を参照。

ガンがそのことを示している。障害のある人々の平等を実現するために、権利条約では「インクルーシブな（包摂・包含する）社会」の創造を目標に掲げている。

国連の障害者の人権保障の取り組みは、1981年の「国際障害者年」とその理念の具体化を進める計画としての「障害者に関する世界行動計画」、「国連・障害者の10年」の終了後に国連で採択された「障害者の機会均等化に関する標準規則」などの上に、障害者の人権を守るために法的拘束力のある条約として2006年「障害者権利条約」を採択したのである。条約の実行のために、国内モニタリングを行う中心機関を各国政府内に、国際的なモニタリングを行う中心機関（委員会）を国連に設置することを規定したことは、条約の実効性の面で大きな推進力となる。なお、権利条約は2008年5月3日に発効し、わが国も遅まきながら2014年に批准した。

ところで、障害者権利条約が批准されると、権利条約は国内法と同じ効力をもつことになり、障害関連法規の内容を規制する効力をもつ。わが国の憲法の平和的民主的条項は、障害者の人権保障を目的とする権利条約の方向性と一致していることから、権利条約の批准は、障害関連法規を障害者の権利保障に向けて機能することに貢献する。

(2) ノーマライゼーションとインクルージョン

障害者権利条約ではノーマライゼーションという用語は使われておらず、インクルージョン（inclusion＝包摂・包含）が使われている。該当する条文は、第3条「一般原則」（C）、第19条「自立した生活及び地域社会へのインクルージョン」、第24条「教育」、第27条「労働及び雇用」などにある。

それでは、インクルージョンをどのようにとらえるべきであろうか。この語自体の意味からいえば、インクルージョン（inclusion）とは、「エクスクルージョン（exclusion）＝排除」の反対語である。障害者等少数者を排除するのではなく、受け容れ包摂する社会像を示しているといえる。インクルージョンという用語は、ヨーロッパ諸国において１９８０年代後半以降、新自由主義的なグローバライゼーションによって生じた貧困と社会的排除に抗する主張として、社会政策の目的概念として使用されるようになり、障害者福祉・教育の領域でも頻繁に使われるようになった。また、北欧・英米では「脱施設化」の取り組みが進み、ノーマライゼーションの第1の要素である「生活のノーマル化」が一定程度達成されたことから、第2の要素である「社会のノーマル化」を強調する意味でインクルージョンが使用されているともいえ、これが国連にも反映したとみなすこともできる。

障害者をはじめ、いまや日常生活や社会生活を営む上で制約がある高齢者や一人親家族、ひきこもり、移民など、すべての人々の人間らしい暮らしを営む権利を保障する理念としてインクルージョンが使われていることを確認できる。障害者を排除して社会の傍流に置くのではなく、積極的に受け入れ、障害の有無を問わず、すべての人々を社会の主流（メインストリーム）に置く共生社会像を示しているといえよう。

(3) 障害者権利条約における障害がある人々の平等回復のための「3つの措置」

障害者の平等を回復するために何が必要になるのであろうか。ここでは権利条約が構想している平等回復の措置として、①普遍的な権利保障（universal design）、②国による積極的差別是正策（affirmative action）としての「特別の措置」、③「合理的配慮（正当な便宜）」（reasonable accommodation）の３つについて紹介する。なお、③の合理的配慮は、過去の「権利条約」にはなかった概念であり、「人種差別撤廃条約」「女性差別撤廃条約」のキー概念であった積極的差別是正措置だけでは平等回復につながらない障害者の実情をふまえ、新たに規定されたものである。これら3つの平等回復措置は、バンク－ミケルセンがいう「特別の配慮」を具体化した内容と理解することができる。

普遍的な法的権利保障

障害者権利条約は、障害者を例外としない権利の保障を法的に規定するよう求めている。先に例示したように、移動の自由が法的に認められていても、それを実現するための社会的手立てがなければ、そうした自由権も「絵に描いた餅」になってしまうからである。権利条約ではそのような点に留意して、条文には自由権と社会権の保障が書き込まれている。

また、権利条約には、障害者を含むすべての人が最大限、利用可能なユニバーサルデザインを物理的環境のみならず、サービス設計の基本とするよう定義づけている。最近ユニバーサルデザインの家電製品などが開発されているが、これらには操作法がわかりやすく表示されているので、障害がある人だけでなく、高齢者や子どもなどにも使いやすいものとなっている。このように、ユニバーサルデザインとは障害者だけに特化して提供するのではなく、すべてに人々にとって使いやすい環境を整備することを求めているのであり、こうした考え方を生活する上で必要になる法制度やサービス提供にあたっても貫くよう提案しているのである。これらを法的な権利として規定することが、第1の平等回復措置である。

この点にかかわって、わが国の障害者施策の最大の問題点をあげると、障害者基本法などにおいて障害者の諸権利について法的な規定はあるものの、行政解釈においては、それらの権利は理念的権利に過ぎず実効性がないとされている点である。すなわち、これでは権利とはいえず、行政が実施する施策の範囲に給付がとどめられている点を指摘しておきたい。この点が、わが国と北欧諸国の「福祉国家」との最大のちがいといえよう。

特別の措置（積極的差別是正措置）

障害があると、働く意思があっても仕事に就けない人が多くいて、その結果、他の障害のない人と比べて低位の生活を余儀なくされ、多くは家族扶養に任されている。権利条約はこのような差別を放置せず、成人障害者の「労働についての権利」を認め（27条）、市場での自由な雇用競争に任せば、雇用の場から排除される障害者の労働権を実現するために、企業に一定割合で障害者の就労を義務づける「割当雇用制度」（わが国では障害者雇用促進法が相当）や、日本では未だ実施されていない「社会支援雇用制度」（もともとは "sheltered employment" =保護雇用と呼ばれていたが、労働能力に制約のある障害者にも、労働者としての基本的な権利である最低賃金等の保障や労働組合の加入権などを認め、障害に配慮した環境の下で働けるようにする雇用制度）があるが、これら雇用における「特別の措置」は、積極的差別是正措置の一例といえる。

また、権利条約では「十分な生活水準と社会的な保障」を権利として認めている（28条）ことから、他の障害がない人と同等の生活を営めるよう、所得保障制度の確立も要請している。これらの例にみるよう、国が法令などによって障害者に対する格差と差別を積極的に是正する措置をとることが「特別の措置」であり、これらは障害者一般に開かれた制度といえる。

合理的配慮＝正当な便宜（供与）

一般に、非常に個別性の高い環境調整による平等の確保のことを合理的配慮と訳されるが、権利条約がいう“reasonable accommodation”は「正当な便宜」（供与）と訳すことが適切だと考える。この語の訳をめぐって、韓国政府は権利条約が採択され同条約を韓国に紹介する際には「合理的便宜」と訳し、韓国の研究者もその訳語か「合理的配慮」と表現していたが、２００７年の「障害者の差別禁止及び権利救済に関する法律」では、「正当な便宜」を使用している。障害者団体から、「合理的配慮」の訳は恩恵的で提供者の立場に立つ表現であるとの批判を受け、「正当な便宜」が採用されたという（金仙玉、２０１６）。筆者は当初、この語の和訳を「適切な便宜」（供与）としていたが、韓国語訳をめぐる議論の経過を知り、だれにとって「適切」なのかを考えた時、「正当な便宜」という訳語を最終的に採用した韓国政府の判断を妥当と考え、以下では「正当な便宜」を使用する。

「正当な便宜」（供与）の一例をあげれば、雇用における「積極的差別是正措置」である割当雇用制度や社会支援雇用（保護雇用）制度によって就職した人に対して、仕事を継続するために、各人の障害の状態に応じて講じられるべき個別の支援を指す。障害者が障害のない人と対等平等に仕事ができるように、個々の障害者に合わせた物的・人的環境を整備するという義務が、職場であれば事業主に課せられるのである。例えば、耳が聞こえないために、十分にコミュニケーションがとれないということであれば、事業主は手話通訳者をつけるなどして、その人の能力が発揮できるような措置を講じなければならないということである。

また、生活保障における「正当な便宜」（供与）に関しては、「積極的差別是正措置」である年金・手当等の所得保障をもって完了するのではなく、得た所得（現金）を自らの必要に応じて使えるよう個別ケアも提供するべきということになる。北欧の福祉国家が高い評価を得ているのは、国民の人間らしい暮らしを実現するために、所得保障制度にとどまらず、生きづらさを抱える人々に福祉など社会サービスを権利として保障し、他の者との実質的な平等を図ろうとしている点にある。

つまり、障害者の障害状態の個別性や人格の固有性に即した環境調整によって平等を確保することを「正当な便宜」（供与）というのであり、公共施設などを障害者が利用しやすいように改築することは、前記①のユニバーサルデザイン（この場合はバリアフリー）の範疇にある。

バンク＝ミケルセンの言う「特別なケア」は、障害者権利条約では前記の諸点と関わっており、「例外のない法的な権利保障」とともに、積極的差別是正策である「特別の措置」を法令等で規定することによって実質的な平等を実現し、しかもその際、同じ障害をもつ人でも受障時の年齢や現在の年齢、また性別などの属性、さらには、その人をとりまく環境などは個々に異なっているので、その人の障害の個別性や人格の固有性に即した「正当な便宜」の提供がなされなければならない、ということになる。

7.「自助・互助」を優先する「地域共生社会」論

(1) 自助の前提としての公助

私たちが日々の暮らしを営むためには、安定した雇用と暮らせる賃金（ないしは年金などの所得保障制度）、つまり、公的な生活保障制度（公助）が存在することが「自助」の条件となる。職を得ても非正規雇用の下で、いつ首が切られるかわからない職場で賃金も低く、自分一人も食べかねるという暮らしの中で「自助」は成立するであろうか。社会保障制度の成立過程をみても、恐慌による大量失業の発生など貧困の広汎化の中で、つまり「自助」が不可能となった時点で労働運動などを媒介にして、国家政策として労働者保護立法や社会保障制度が登場したのである。「自助の前提としての公助」が歴史的な事実である。

本章の「はじめに」で引用した、政府がいう「地域共生社会」を看板とする関係法令の改定の内容は、従来の地域包括ケアシステムを「全世帯・全対象型」に拡大する（＝全世帯型社会保障改革）とともに、これを医療費の公費負担の削減を目的とする「２０３５年の保健医療システムの構築」の中に位置づけ、医療と福祉の全体のあり方を再編しようとするものである。

政府が「全世帯型社会保障改革」の一例という後期高齢者医療制度の保険料の引上げ案が、本年４月13日に衆院通過した。75歳以上のうち、年金等の収入が年１５３万円（月額では12万７５００円）を超える約４割の人が負担増になるが、こうして引き上げた保険料の一部を「出産育児一時金」の財源に充て、これを全ての世代で支えあう「全世帯型社会保障改革」の一環だという。出産費用を高齢者医療制度の保険料から流用させるのは、民主社会の基礎となる社会保障制度を世代を超えた相互扶助に変質させる事態と言えよう。現在、少子化対策の費用の調達先として社会保険料の大幅引き上げが企図されているが、これは各制度の健全な発展を阻害する財政上の帳尻合わせに過ぎない。

また、「地域共生社会」の名の下に医療と社会保障の全体を再編成するというが、その内容に立ち入ると、高齢者医療制度にとどまらず、介護保険、医療保険等の保険料負担の引き上げとともに、利用時の一部負担の大幅引上げが予定されており、医療・介護給付の利用の自己抑制が起きるのではないかと危惧される。

福祉の公的責任原理は後景に退き、公的給付は自助努力が果たせないと烙印を押された人に抑圧的に実施し、本人・家族の自助努力と近隣の互助を前提とする新自由主義（＝新保守主義）福祉改革の本格的展開とみなすことができよう。政府はこの方針を「21世紀日本モデル」と呼んでいるが、国民の生存権保障と国の社会保障義務を明瞭に規定した日本国憲法第25条から遠く隔たり、福祉発展の国際的連関を断ち切った「日本モデル」として、ケアの公的支出を抑制し、必要なケアを国民の「自助と互助」任せにする企てといえよう。

(2) 新自由主義と新保守主義

現在の福祉政策の特徴を新自由主義（＝新保守主義）と指摘したが、以下では、その意味についてデヴィッド・ハーヴェイの所論（渡辺監訳、２００７）を紹介する。

新自由主義をどのように把握すべきか。まずは、新自由主義は産業革命期の自由主義とは異なる。かつての自由主義は、資本の自由競争こそが資源の最適配分と国富を生むとして経済活動への国家介入を拒否したが、新自由主義は、国家の機能を使って市場優位体制を確立させようとする点にある。

また、ハーヴェイは「新自由主義は新保守主義を随伴する」と指摘し、アメリカの新保守主義の特徴を、新自由主義が開放した個人的利益のカオスに対して、「秩序」を強調する点と復古的な「道徳の重視」に見出している。新自由主義は開発・成長とグローバリゼーションによって極端な貧富の差を生み、深刻な社会の分裂・解体をもたらしたが、新保守主義はこれによって失われた家族・地域などの共同体の再建を唱えるイデオロギーであり、社会統合の破綻を回避するうえで一定の役割をもつとみている。

わが国の最近の例では、「こども庁」が「こども家庭庁」に改称された理由には、家族が一義的に子育ての責任を負うべきだという自民党右派の主張が反映している。つまり、生活維持は、本人・家族の「自助」が優先するという新保守主義の現れといえよう。

(3) 新自由主義福祉改革のトップランナーとしての介護保険制度

福祉領域の新自由主義改革はどのような問題点をもっていたのか。2000年に成立し、その先駆けとなった介護保険制度は、次にあげる特徴をもっていた。

介護保険制度の問題点は、第1に、介護需要の増大が国庫にとっての「高コスト」に連動する措置費制度を廃止して、財源の半分は新たな国民負担となる介護保険料に置き換えた点である。従来の費用負担の割合は国が50％、都道府県と市町村が各25％であったが、40歳以上の国民に介護保険料を負担させることによって公費負担割合を半減し、公費負担の「永続的スリム化」を実現したのである。

第2に、それまでの措置制度を廃止して契約制度に切り替えた上で、「公的」介護の供給主体として営利資本の参入に道を開いた点である。福祉の非営利原則を否定し、規制緩和によって介護分野に「新事業・新産業の育成」を具体化したことにある。措置制度から契約制度に移行したことの意味は、介護事業者と利用者を福祉商品の売り手と買い手の関係とした点にある。両者にトラブルが起きても、契約当事者間の問題として法的に決着をつけねばならず、公的機関は関与しない仕組みとなった。つまり、介護サービス提供の公的責任は解除されたのである。

第3は、介護保険制度によって提供される在宅介護水準の低さであり、要介護者が日常生活を維持できる設計とはなっておらず、せいぜい家族介護者支援の域にとどめられている点である。介護の第一義的責任を家族に強いる「新保守主義」の現れととらえられる。

第4は、介護給付を受けるとき課せられる負担金が、それまでの所得能力を配慮した「応能負担」から、受けたサービスを私的利益とみなす「応益負担」に切り替えられた点にある。応益の「益」とは私的利益を指しており、介護サービスを商品売買と同一視する発想といえる。負担に耐えかねて利用を自己抑制する高齢者は、制度の発足時の厚生省推計では半数程度あると見込んでいたように、必要があっても負担金が重く、利用できない層がいることを前提にしていた。

ここで介護保険制度をとり上げたのは、介護保険の実施以降、障害者福祉制度は大きく転換し、「障害者自立支援法」（2006年施行、現在は「障害者総合支援法」）の制定により、保険料の徴収を除いては、介護保険制度と同様の枠組みに移行しているからである。

(4) 家族扶養を優先する理由

「公助」に先立って、本人・家族の「自助」と住民相互の「互助」を強調する現代日本の反福祉イデオロギーは、明治期の内務官僚だった井上友一の『救済制度要義』（博文館、1909）の主張と重なる点がある。井上の主張を同書から引用すると、政府が貧困者対策を抑制するのは財政負担軽減のためだけではなく、「寛大な救済政策は家族や近隣の相互扶助精神を弱め」、そうした「道徳精神の弱化は国家の存立を脅かす」からであると述べている。

ところで、自民党が提案している日本国憲法の改正草案の第24条では、「家族の相互扶助義務」が新設されている。これは戦前の「イエ」制度（家父長制家族）への回帰の指向が強い改憲案というべきであり、公費支出を抑制し、生活維持の責任を家族に負わせるという意味になる。つまり、この改憲草案は、「家族責任の倫理を国家秩序の基礎とするためである」という100年以上前の明治期の内務官僚の主張と共通点が認められる。つまり、現在進められている福祉抑制は一時的ではなく、ケアを家族責任とする「福祉敵視論」にこそその本質があると思われる。この論理は福祉にとどまらず、教育や住宅、子育て、老後生活の確保は家族責任という政策につながっている。

8．共生社会の実現のために――共同作業所運動の貢献

前記に示した新自由主義福祉改革に対して、どのような代案を提示できるであろうか。当事者・家族の要求運動やケア労働者による運動が展開されているが、以下では、共生社会を実現する上で重要な貢献を行っている福祉実践の中から、わが国で展開されてきた共同作業所運動について述べ、本稿の結びとする。

ところで、日本の共同作業所運動と共通する福祉実践は世界各国で展開されている。1970年代後半のイタリアから活動が始まった社会的連帯協同組合と自称する協同組合は、欧州諸国や南北アメリ

カ、アジアでは韓国などにも広がり、「社会的協同組合法」などの名称で法制化されている。そこでは障害者や社会的排除者は、福祉事業の客体ではなく、事業体のステークホルダー（構成員＝組合員）に加えている。地域から共生社会を創造しようとするこれら福祉協同組織の実践は、新自由主義政策を克服する大きなうねりとなっている。

（1）共同作業所運動の特質

共同作業所運動は、当初は共同作業所の設置を通して、障害の種別や程度を問わず、青年・成人期障害者の「集団と労働の場」の保障を中心課題としていた。その後、１９９０年代以降は「居住の場」としての共同ホームづくりや、第３の生活拠点である「地域における自主的な活動の場」を確立するとりくみも含めて、青年・成人期にある障害者が、地域で人間らしく暮らせる総合的な権利保障の体系を創設しようとする事業へと発展しつつある。

共同作業所の出発は、名古屋市に設立された「ゆたか共同作業所」（１９６９年）と「みのり共同作業所」（１９７２年）に求められる。70年代半ば以降、全国各地に急速に普及し、１９７７年には全国組織の「共同作業所全国連絡会」（現在は「きょうされん」）が結成され、引き続き80年代以降も設立の勢いは衰えず、21世紀初頭には約６０００カ所の小規模作業所があったと推計されている。

ところで、共同作業所全国連絡会の発足10年を記念して出版された『ひろがれ共同作業所』（ぶどう社、１９８７）では、共同作業所運動の特徴と性格について、次の４点にまとめている。第１に、共同作業所のとりくみは、障害者の権利保障・発達保障をめざす「事業」を基礎とした運動である点。第２

に、共同作業所はその出発点から、障害の種別や程度を超えたとりくみとして障害者全体の共同と連帯を創出しており、こうした実践の基礎には、障害者の社会的不利に着目し、その解決のために共同するという視点が貫かれていること。第3には、既存の制度枠組みを前提にした施設づくりではなく、地域における障害者の現実とその要求から出発し、制度を活用し創造するとりくみであるという点。第4には、共同作業所の多くでは、障害者を「仲間」と呼ぶことに端的に示されているように、障害者間、職員と障害者の関係においても、求められる立場や役割は異なっていても大人同士の対等平等の関係を築いていることである。

いずれの指摘も、障害者「対策」の枠内に押しとどめられている雇用・福祉施策の水準を大きく超え、その抜本的な改革をめざす原理をもった実践体であることがよく示されている。さらに、共同作業所運動は住民の障害者観や福祉観を変える点で大きな役割を果たしてきたと思われるので、筆者の体験を述べておきたい。

(2) 住民の障害者観・福祉観の転換

筆者は70年代の初めに知人に誘われて、日本で初めて誕生した「ゆたか共同作業所」に見学に行ったことがある。その時の印象は、非常に元気よく働く知的障害の青年たちの姿に圧倒されたのと、職員の話が記憶に残っている。職員の話というのは、設立当初、作業所の周りの住民たちから「障害者を働かせるとは何事だ。しんどい仕事をさせるのではなく、家にいて安楽に暮らせるようにすることが福祉ではないか」と批判されたという。

働いていた障害者には不就学の人がおられたとお聞きしたが（養護学校義務制実施は1979年）、青年期になって同年齢の人と同様に朝出勤して、みんなといっしょに働けることがうれしくてしょうがないという様子が伝わり、同年代の彼らの姿が新鮮に映り、共感する思いが湧いてきたことを今でも鮮明に覚えている。彼らの生き生きと働く姿を見て、きわめて具体的に労働の発達的意味を見出した思いがした。また、働く障害者同士、そして職員と障害者の間にとり結ばれている関係のゆたかさとやさしさにも感銘を受け、共同作業所では労働とともに、ゆたかなコミュニケーション関係を築き上げていることがよくわかった。

多くの地域住民も日々、障害をもつ青年たちの働く姿を目の当たりにして、共同作業所の支援者となったということであるが、ここには住民の福祉観の転換があったと考えられる。つまり、福祉（well-being）とは安楽な暮らしを意味するのではなく、社会参加を通して自己実現を図ることにこそ目的があり、「ゆたか共同作業所」は、労働と対等なコミュニケーション関係の形成によって、障害がある人々の人格発達と潜在能力・残存能力の発達を促進している事実を示して、住民の福祉観の転換を導いたと評することができるであろう。共生社会を展望する上で、この点は重要なメルクマールになると思われる。

（3）「レディメイド」から「オーダーメイド」型福祉行政への転換を示唆

共同作業所運動の発展を通して見えてきた問題の1つは、福祉行政の根本的欠陥である。現行の福祉行政の仕組みというのは、障害をもつ人々の活動能力やニーズの多様な側面を部分的に切り取ってとらえられた「個々のニーズ」に、あらかじめ一面的に設計され、しかも低水準のケアを提供しようとする「レディメイド」方式といえる。したがって、障害者の体型に合ったサービスがなければ、どんなにニーズがあってもサービスは提供されず放置されるのである。つまり、「制度が障害者を選ぶ」仕組みになっているといえよう。

こうした方式の根本的な問題は、分断されたニーズへの部分的対応をいくら積み上げたとしても、生活の総合性に見合ったニーズの充足にはつながらず、障害者の伸びる素質（潜在能力・残存能力、人格）の発達という福祉目的を達成できないのである。共同作業所運動には、「既存の制度枠組みを前提にせず、障害者の要求にもとづいて制度を活用し、創造する」という原則があるが、こうした事業運営の原則は、障害者の体型（要求）に合わせて福祉サービスを創造する「オーダーメイド」方式ということができるであろう。福祉制度の設計と運営においても、「レディメイド」から「オーダーメイド」方式への転換が求められているというべきであろう。

(4)「連帯・協同」組織の位置づけと「公的責任」をめぐって

共生社会を引き寄せる福祉実践は、共同作業所運動に見られるように、障害者と職員、地域住民をつなぎ、各地域に「連帯・協同」を体現する福祉事業体を生み出してきた。

「協同」組織に関するわが国のかつての議論では、連帯や協同による活動や事業に対して、公的責任を代替する「内に閉塞した相互扶助組織」ととらえ、否定的に評価する傾向が一部にあった。しかし、「ゆたか共同作業所」と1970年代以降、続々と誕生した無認可の共同作業所は、障害者・家族と地域住民の強い支持を背景にして、事業を展開している市町村と都道府県に対して、事業の公共的な性格を認めさせて補助金を獲得する一方、国に対しても成人期障害者の働く場・暮らしの場をはじめとする総合的な労働―生活保障の体系を提案し、障害者福祉法制とその運用の改善に大きな役割を果たしてきた。つまり、公的責任を免責するツールとして協同組織があるのではなく、連帯・協同が公的保障につながるルートを共同作業所運動は提示したのである。

共同作業所運動の例に見るように、連帯・協同組織を「公共空間に開かれた地域変革の実践体」と把握する必要性を感じている。また、こうした開かれた協同組織の運営原理に注目すると、事業運営における民主性の担保として、利用者（家族）・職員・地域住民の権利と義務における対等平等性に見出すことができ、この点が共同作業所を構成する各層の主体的参加を保障しているのである。組織構成員の民主的参加の仕組みを法的に規定しているのは、イタリアの社会的協同組合法である。同法に規定される社会的協同組合のB型は、社会的排除者（利用者）、職員、市民の三者構成となっており、社会的排除者が協同組合員の3割以上を占めることを要件としている。[30]

また、公的責任をめぐる筆者の見解は、福祉における公的責任を財政責任と供給責任に区別して捉える点にある。福祉サービスの利用と供給に要する費用を公的に保障（財政責任）するのは当然であるが、供給責任とは福祉サービスのすべてを公的機関が実施するととらえるべきではなく、当該サービスの供給に適合性をもつ非営利のミッション協同体が担当すべきであり、公的機関はそれら組織を支持しその育成を図る条件整備を行うとともに、そうした供給組織がない場合は、最終的には公的機関が実施

30　イタリアの社会的協同組合については、田中（2004）、小磯（2015）、鈴木（2001）も参照のこと。

責任を負うという点にある。

つまり、福祉における公的責任という場合、財政責任を公的に果たすことは当然であるが、供給主体に関しては国・自治体による以外にも、民主的な地域福祉協同を基礎にした非営利組織を含めるべきであるし、その方が福祉実現にふさわしいのではないかというものである。もちろん、「連帯・協同」を指向する非営利組織の事業運営に関しては、人件費など事業運営に要する費用は公的に保障するのは当然である。

そもそも福祉における公的責任とは、障害当事者の生活と全面発達を保障することにある。共同作業所での障害者や職員の働きぶりや両者の関係を見ながら、単に仕事や居住の場さえ提供すれば公的責任を果たしたとはいえないと考える。供給における公的責任の果たし方とは、このような事業体が需要に対して不足しているとき、最終的には公的機関が供給責任を果たすという意味でとらえられるべきであろう。各地域から共生社会づくりを推進する福祉事業体のあり方を示しているのが、共同作業所運動や社会的協同組合だと考える。

第6章　高齢者との共生と高齢者ケアレジーム

朴　光駿

はじめに

『老人の歴史』の著者セイン（木下訳、２００９：20）は「老年の最大の特徴は、過去においても現在においてもその著しい多様性にある」という。２０２０年日本の65歳以上の高齢人口は３，６２１万人（総人口の28・９％）に及ぶ（『２０２２年版高齢社会白書』）。この巨大な人口層との共生を考える際に、まず認識すべきはその中の多様性である。

１９９１年に国連総会が確認した「高齢者のための国連原則」は独立、参加、ケア、自己実現、尊厳の５つである。うちケア原則とは「家族と社会からケアを受ける権利、疾病の予防を含む保健医療への権利、福祉施設に入所した場合でも基本的人権と自由を享受する権利を保障すること」とされた。ケア原則の保障はすなわち「ケアニーズを持つ高齢者との共生の実現」である。

本章は、高齢者の理解に役立ついくつかのケア事例を紹介し、日本の高齢者ケアレジームの現状と課題を検討したうえ、政策革新の可能性を検討する。政策革新には財源が必要である。共生は行動を伴うものであること、共生実現のためには経済的負担の用意があるという心構えが一定数の国民の間に広がっていることを条件とすることを、ここでもう一度想起したい。

1．2つの高齢者観とその意味

高齢者層の特徴は多様性

老いの古典を著したボーヴォワール（朝吹訳、1972）は、古代社会においては高齢者が成人に含まれていたので、老年だけを対象とする歴史記述は不可能であると述べた。しかし、1980年代以降、ミノワ（大野・菅原訳、1996）やセイン（木下訳、2009）は古代まで遡って老人の歴史を見事に記述している。一方、さまざまな地域の高齢者文化も文化人類学者たちによって紹介されてきた。このような歴史的老い論と空間的老い論によって、高齢者の歴史的地位の変化と、文化の多様性が明らかになっている。

原始社会において長寿は極めてまれであった。いままで発見された先史時代の頭蓋骨の破片はすべて30歳を超えていない人のものであるという。しかし、古代社会になると、たとえ平均寿命は短かったものの高齢者は一定の割合で存在していた。ミノワ（第4章）はギリシャで名を知られた48名の哲学者の寿命と死因を調べているが、１００歳以上や90歳以上も珍しくなかった。ローマ・東ローマの２４，９８９人の記録分析では、60歳以上の場合、男性の数は女性より2倍も多かった。現代社会と異なって女性高齢者が少なかったのは、出産と関わる女性の高い死亡率、女性差別の影響によると考えられる。

日本の歴史人口学研究（鬼頭、２０００）によると、江戸時代の平均寿命は男女ともに35・36歳であった。ただし、当時にもかなりの高齢者層が存在し、特に農村地域の場合、60歳以上の高齢者が江戸後半には10％を超えていたという。約５％の高齢化率（65歳以上）は、江戸後半から１９５０年代までの１００年以上の期間中、大きな変動もなく維持されていたと考えられる。日本で第1回センサスが行われた１９２０年の高齢化率は５・３％であり、１９６０年にも５・７％であった。高齢化が急速に進行したのは１９７０年（７・１％）以降のことである。

高齢者の社会的地位

高齢者の地位は地域や民族によってさまざまであり、高齢者文化の多様性は比較的近年まで守られてきた。高齢者の生活水準は所属共同体の自然条件や経済的水準に大きく影響されたが、食糧の乏しい地域ほど高齢者に対する態度は厳しかった。グリーンランドのイヌイト社会では、共同体の重荷になったと感じる高齢者は自殺を選ぶ習慣があった。カヤクに乗って帰らぬ旅へと出発したり、カヤクに乗れない病人などは海に投げ込んでくれるように頼んだりした（ボーヴォワール、朝吹訳、２０１３：61）。また、ミノワによると、このような事例は、北極圏の多くの地域や北海道の僻地にも観察されるという。

ミノワは、有史以前から16世紀までの歴史的考察から、高齢者の社会的地位は次の３つの要素によって決まると述べる。第1は、肉体的衰弱である。国家と法律の力の強い地域でないほど、衰弱した高齢者は厳しい立場におかれた。第2の要素は、当該社会が高齢者の知識や経験にどれほど依存するのかということである。口伝の伝統や慣習に依存する社会であるほど、高齢者の社会的地位は高かった。アフリカ地域の高齢者に特権が保たれていたのもこのような理由による。第3の要素は、加齢に伴う容姿の変化である。美しい肉体に価値を置く社会であるほど高齢者を貶す傾向があり、ギリシャやルネサンス社会ではそうした現象が著しく、文学作品には女性高齢者が男性よりも醜い存在として描かれていた。若さへの強い価値は、高齢者の社会的地位は低下させる。現代アメリカにおいて、高齢者の社会的地位が低下してきたのは、若さ・健康な身体への価値観によるといわれる。

一般に、宗教界においては高齢者の役割が大きく、牧師（priest）という言葉も老人を意味するギリシャ語「presbyteros」に由来する。（Harris & Cole, 1980）主要宗教の開祖は30代の人であったが、後世の宗教指導者の大半が高齢者であった。敬老は宗教共通の教えであるが、宗教によって多少の温度差はある。例えば、神の教えを何よりも絶対視するイスラム社会における高齢者の社会的地位は、親子関係を上下関係と規定し、それを社会の基本原理としてきた儒教社会に比べて低いといわれる。

2つの高齢者観：アリストテレス型とプラトン型

高齢者に対しては、知恵に富んだ者という側面を先に見る立場もあれば、過去にできていた多くのことができなくなった者という側面を先に見る立場もある。この対立する2つの見方の持ち主を歴史上の人物から探すと、ほぼ同時代の古代ギリシャで生きたプラトンとアリストテレスがある（ボーヴォワール、朝吹訳、2013『老い』(上):瀬口、2011:ミノワ、大野・菅原訳、1996)。

プラトンは代表作の『国家』にて次のように述べている(瀬口、2011:2)。「私には、高齢の方々と話をかわすことは歓びなのですよ。なぜなら、そういう方たちは、われわれも通らなければならない道を先に通られた方々ですから、その道がどのような道なのかを、うかがっておかなければと思うので」。プラトンにとって高齢者は知恵に富む者であり、優れた統治とは老人政治(gerontocracy)であった。プラトンは年老いた両親に対する子供の義務を繰り返し強調している。また、如何なる快楽も欲しない生活が楽しめるということこそ、高齢者の特権であると讃えた。確かに、ギリシャ神話に登場する老年の神様ジェラス(Geras)は名誉と補償の意味も持っており、老年を意味する「gera, geron」には老年の特権と権利の意味もあったという。法律の解釈や係争の仲裁などの仕事は、年老いた人間でなければ成し遂げることのできない仕事とされた。例えば、公的仲裁人[31]という職は60歳以上の者とされ、法律の解釈者も60歳以上の者とされていた。

ところが、プラトンのような老人観は古代ギリシャの中でもむしろ少数意見であったという。プラトンの弟子にあたるアリストテレスは高齢者の否定的側面を強調した代表的人物である。彼は青年・壮年・老年の中の老年に対しては「自己中心的、卑屈や臆病」など否定的な側面を指摘した。(瀬口、2011:8~9)人間は魂と肉体の結合によってのみ存在するが、魂は肉体の形式にすぎず、もし疾病が肉体をおかすと、それは個人全体に影響をおよぼすので、病弱であっては美しい老年があり得ない、

31 公的仲裁人とは、一定以上金額の取引の係争を扱う仕事をする者で、くじびきで決まるが、もしその決定に従わなければ市民権と政治権が剥奪されたという(ミノワ、大野・菅原訳、1996:第3章)。

というのがアリストテレスの考え方であった。老化のネガティヴな側面を強調するアリストテレスの高齢者観は、その後ギリシャの喜劇や文学、そして西洋文化の老人観に大きな影響を与えたという。

前記の2つの高齢者観は、それぞれプラトン型とアリストテレス型と名付けることができる。ただし、この二者の違いは、それぞれの着眼の違いに由来する。アリストテレスの高齢者観は、彼が生物学的研究を背景に身体的老化に注目したことによる。彼も高齢者には敬意を表すること、年老いた両親を敬うことを強調していた。従って、この2人の高齢者観を否定的見解と肯定的見解とに二分的に捉えることは適切ではない。プラトンは高齢者の経験や豊かな精神世界の側面を重視し、アリストテレスは身体能力の低下という側面を重視したことから見解の違いが発生したと受け止めるべきであろう。現代の視点から、この2つの視点を総合すると次のようになる。「高齢者は、一方では身体能力の低下と疾病に伴うさまざまな生活困難を抱える存在であり、もう一方では豊かな経験及び精神世界の活用が期待される存在である」。

2. 老いと関わる日本文化

いわゆる儒教文化論について

東アジアには高齢者を大切にする文化があり、それは儒教の影響によるという俗説がある。高齢者の現実から目を逸らしているこの説については2点だけ指摘しておきたい。

1つは、親を大切にする文化は普遍的であり、東アジア特有の文化とはいえないということである。さらに現状からみても、他の文化圏に比べて東アジアに高齢者を大切にする文化がより強く残っているとはいい難い。日本・中国・韓国をみると、高齢者の貧困率及び自殺率は世界の中でも高い水準であり、貧困率・自殺率は全年齢のそれらより軒並み高い。敬老精神といった個々人の行動様式と、社会的に高齢者を大切にすることは、区分して考えなければならない。

もう1つは、東アジアの伝統思想の探究には**儒教と法家の東アジア**という視点が必要であるということである。儒教だけでなく法家の影響を常に考慮することである。中国では秦の時代に法家の社会文化が先に定着した後、漢の時代に儒教が統治理念として導入されたが、思想的影響力においても国民の生活規範においても、法家は儒教とともに中国思想の二大潮流として現在に至っている。高齢者の扶養は誰の責任かといった問題に対しては、儒教も法家も同じく「家族の責任」とみる。しかし、人間観あるいは貧困救済責任という問題になると、両思想の立場は対照的に分かれる。法家思想は極めて厳格な貧困観を持っており、国家の直接救済を拡大すると、国家の衰退をもたらすと説く。江戸時代の日本社会は、東アジアの中でも最も「法家的」社会であり、後述するように、その影響は現代社会にまで受け継がれている。この点については別稿（朴、2020）に譲るが、**法家的社会とは自己責任主義を基本原理とする社会**であることを確認しておきたい。

江戸時代における儒教は人々の生活倫理よりは統治理念として取り入れられていた。例えば、幕府は町村ごとにその高札場《こうさつば》に忠孝札を掲げさせ、18世紀に入ってからは家族内部相互間の親和を重視し、親子札に代えさせたといわれるが、家族関係に国家が介入することはほとんどなかった。江戸時代の家族関係の特質は、家長権の比類のない強大さと、家長に対する家族員の絶対的服従（北島、1958）であった。身売りに対しても、人身売買の禁止という定めはあったもののそれはあくまで家族内のことであり、その決定権は家長にあるという立場をとっていた（福尾、1972：166〜7）。家庭内における女子や高齢者の処遇の場合も同様であったと考えられる。[32]

『官刻孝義録』をどうみるか

江戸時代においても「老耄《おいぼれ》」と呼ばれたケア問題は家族にとって大きな現実問題であったと考えられる。1801年幕府によって編纂された『官刻孝義録』（菅野則子校訂、上・中・下、1999）には孝行者、奇特者、貞節者など8，611事例が載っている。特に多数を占めるのが孝行者であり、各事例には介護の状況が具体的に記されている。親孝行の事例を発掘し、表彰を行うことで民衆の教化を図ったことであろう。ただ、称賛の対象になったのは親への孝行に限っており、配偶者への介護は記録に値しない当然のこととされたという。

『官刻孝義録』は広く行われていた親孝行の更なる奨励をはかったものだったのか、それとも高齢者ケア問題の深化の証として解釈すべきか。江戸時代は老いに価値を置いた社会であり、高齢者は尊敬され、生き生きと暮らすことができたという見解（例えば立川、1989）がある。たとえこの見解が事実だといっても、当時の高齢者の暮しには、当人の身分・性別・財産や権力の有無・子供の数・健康状態・地域の食糧事情などによって激しい格差があったことを忘れてはならない。特に細長い国土の日本には地域的違いも大きく、例えば沖縄と北海道の高齢者の歴史文化を同じ土台で論議することは難しい。ただ、姨捨伝説のように青森から沖縄までともにみられる（青柳、２００４）ものもある。姨捨の事実性については判断を留保しても、『楢山節考』に登場する老婆の姿からは、食糧の乏しい地域に生きる高齢者の苦悩を垣間見ることができる。そこには「33本の歯をもつ老婆」と村の子どもたちにからかわれた老婆が、自分の頑丈な歯を何本か引き抜く様子が描かれている。高齢者が「何でも噛み砕いて食べられる身体」を持っていること自体が、肩身の狭い思いをさせられることであったと察知できる。

前述のプラトンの見解に対しても、当時から「それは財産と良識を持つ高齢者のみに当てはまる見解ではないか」という批判があったという。現代社会においても経験と知恵と経済力を揃え、社会に参加・貢献する高齢者の数は限定的である。従って現に社会参加ができていないことを理由に成功的ではない老化とみなすことは不適切である。ギリシャでは、老父母への尊敬を強調する法律が多く作られ、親を扶養しない者、親の財産を勝手に使い果たす者は市民権を剝奪するという規定も登場していた（ミノワ、大野・菅原訳、１９９６）。しかし、そうして法律の効果はほとんどなく、ギリシャの一般民衆の間では、高齢者が不良な処遇あるいは蔑視を受けることが多かったという。貧困な高齢者を保護するための福祉施設がギリシャで初めて設けられたのもこのような背景による。

古代中国においても「不孝」を罰する法律などが定められていた。不孝という漢語は孝に対する強い

32　この点は、東アジアの中でも最も「儒教的」であった朝鮮王朝とは対比される。朝鮮においても家長の権限には強いものがあったが、例えば子女の結婚については、家長の権限に任せるのではなく、結婚の義務化を法律で定めるなど、江戸日本と比べて家長の権限は弱かった。妻が死亡した場合、原則的に死後3年が経たないと再婚できないこと、親の葬儀方法などに対しても国の強い規制があった（朴、２０２０）。

否定、現代語でいうと「親虐待」に近いが、そのような法律の存在が親不孝の現象がかなりあったことの証であるともいえるかも知れない。重要なのは、どの時代どの社会においても、高齢者の生活の条件は多様であったことを常に認識することである。

高齢者労働・介護のパラダイムの形成：明治時代

日本の伝統社会の探求においてまず重視すべきは、小農社会を経済的基盤として起きた労働集約型の生産革命、いわゆる勤勉革命である。江戸時代には貨幣経済が一般化したが、農民は貨幣所得を得るために本業の傍ら、換金作物の生産や手工業に就かざるを得ず、生産物の付加価値を高めるために尽力することによって生産性革命が起きた。歴史人口学者の速水（2003：310）はこの現象をイギリスの産業革命（Industrial Revolution）に対比させ勤勉革命（Industrious Revolution）と命名した。小農社会とは自己所有の農地あるいは小作地を家族単位の労働をもって経営する社会のことで、日本では17世紀までには成立した。小農社会は家族制度や高齢者の社会的地位にも大きな影響を与えた極めて重要な経済史的変動であり、小農社会の成立がすなわち伝統社会の形成を意味する。今日の日本社会にみられる強い労働倫理は伝統社会から継承されたものである。

一方、高齢になると労働から身を引く楽隠居の風習もあったが、それは明治時代にほぼ途絶えたとみられる。明治政府は富国強兵を目指し、強い労働倫理の社会理念を積極的に伝播していたので、楽隠居の風土は新政府の社会理念と両立しがたいものであった。福沢諭吉（1884「老壮論」）、植木枝盛（1886「老人論」）などは楽隠居を次のような論理で批判した。「自立文化の強い西欧諸国と違って、日本では50代でも隠居してしまうことがあるが、それは生産活動に参加していない人が多くなるだけに社会にとって大損であること、楽隠居とそれを支える家督相続の気風は社会の進歩を妨げる可能性がある」。

高齢者ケアは家族制度によって影響を受ける。日本のイエ制度は「明治政府の発明品」（上野、1994）と呼ばれる。それは封建時代の遺産ではなく、国家倫理に家族倫理を服属させるという意図によって明治政府が設けたものであった。イエは戸主と家族によって構成されるが、戸主は家族を統率する人、家族は戸主を除いた人である。国家と家族の関係を上下関係に編成するためには、家族関係を戸主—家族という上下関係にすることが求められたのである。ここで重視すべきは、憲法学者若尾典子の指摘のように、イエ制度の本質が自己責任主義であるという点である。家族の貧困解決のために子どもや女性を人身売買することがあっても、それは家族の問題とみなし、国家は介入しなかったのがその証であるという。要するに、イエ制度は家族単位の自助を強要するが、家族の対応方式については全く戸主に一任するというシステムであった。公的援助など家族の外部からの援助の受給を家（家長）の恥として受け止める意識構造の経路はここにあると思われる。

高齢者介護への対応についても明治時代に大きな転換があった。西洋医学を全面的に採用したからである。例えば、新村（2002）が指摘するように、老耄や認知症に対する社会の対処方法は一変した。認知症を誘発する脳の障害は精神障害の病気と位置づけられ、医師によって管理されるものになった。当時は精神障害への対処が治安対策がらみで行われており、警察の管理下におかれ、路上での徘徊は認められなかった。それによって、要介護高齢者に対する家族責任は一段と強化され、例えば、認知症高齢者の場合、家族で対処できなければ癲狂院《てんきょういん》という施設への入所を迫られるようになった。老耄の医療化は家族負担を増やし、老いへの負のイメージを膨らませる結果につながったのである。

3．主体的に生きる高齢者への多様なケア

高齢者ニーズの多様性

高齢者差別（ageism）は人種差別や女性差別とは違って、差別の根拠になる年齢そのものが可変的であり、したがって、高齢者差別を経験する可能性は誰にも開かれているという点で特徴的である。また、エイジズムの名付け親のバトラー（Butler, 1969）の指摘のように、高齢者差別は女性であるほど、また人種的マイノリティであるほど厳しい。高齢・女性・障害者といったさまざまな差別が重なる現象は、1980年代以降複合差別あるいは差別の複合性（インターセクショナリティ：intersectionality とも記される）と呼ばれるが、この概念はすでにバトラーによって提起されていた。

差別は偏見から生まれる。偏見は感情や態度の問題であるが、差別は行動として現れる具体的なものである。高齢者に関わる偏見としては年齢規範（age norm）がある。年齢規範とは「人間には自分の年齢にふさわしい行動様式がある」という通念である。それは、もともとは飲酒年齢や、親の同意なしで結婚できる年齢を定めることなど「一定年齢に達してはじめて許される行動」を規定するものであった。しかし、高齢者の年齢規範は「特定の行動をしないこと」を規制する。高齢者に相応しくない行動様式

というステレオタイプから逸脱した場合、非難や制裁が課せられる。かつて『厚生白書』(1999)は次のような「老人をめぐる6つの神話」を示したことがある。①老化しているかどうかは、年齢で決まる、②高齢者のほとんどは、健康を害している、③高齢者は、非生産的である、④高齢者の頭脳は、若者のように明敏でない、⑤高齢者は、恋愛や性に無縁である、⑥高齢者は、誰も同じようなものである。

不適切な表現になるかも知れないが、「変人」という言葉がある。変人とは果たして何%の範囲に入る人なのか。もし、高齢者の中で「性的な視点からみた変人」を1%とみるなら、今の日本では「約36万人の高齢者変人」が存在することになる。それほど高齢人口は巨大である。ここで、前記した老人をめぐる神話はまさに神話に過ぎないことを思い知らせる事例として、ある介護施設で起きた高齢者の性的問題を紹介したい。多少極端なケースかも知れないが、高齢者を理解する幅を広げることには役立つ(以下、小林、2000:26~49の要約)。

45年前に夫と死別し、車いすで生活する80歳の女性、大久保(仮名)が特養に入所した。入所者70人、うち女性は40人以上、全室4人ベッドの施設であった。彼女は、入所して5年以上の80代の男性高齢者2人(M氏とT氏。いずれも車いす生活)と知り合い、仲良くなった。一緒にいる時、3人は生き生きとした姿を見せていた。ところが、ある日の夜中に、大久保がMと裸になってベッドにいることが発覚、さらに別の日にはTとの関係も発覚した。2人と肉体関係になって2ヶ月になったという。事態を憂慮した施設長との面談で大久保は次のようにいっていた。〝妊娠を気にしないセックスがこんなに楽しくて、気持ちいいものとは思わなかった。ここに入所し、いい男たちに巡り合えて本当によかった〃。しかし、やがてMとTは互いの三角関係に気づく。2人は激しい嫉妬に燃え、深夜に決闘する事態になった。Tは大怪我をおい、3人の関係は終わった。それ以降、3人ともに著しく元気をなくしていたという。不思議なことに事件から1年以内に3人とも亡くなった。

介護と遺産相続の問題

介護絡みの訴訟（古笛編、2019；横田、2012）も増えている。高齢者施設で発生する転倒、誤嚥、薬の誤飲などの介護事故に関わる訴訟も多く、裁判所によって判断が分かれることもある。厚生労働省の発表（2019・3・14）によると、特別養護老人ホームと介護老人保健施設で発生した事故死亡者は、2017年特養772施設で1，117人、老健275施設で430人となっている。介護施設側からみれば、介護事故は重大なリスクであり、さまざまなリスクマネジメントが試みられている。「情報開示型リスクマネジメント」[33]（横田、2012：142〜144）もその一例である。

介護は遺産相続問題とも関わる。家庭裁判所調停委員の記録（槇村、2004）をみると、特に介護に献身した特定の子女により多くの遺産を残したい、あるいは、何らかの障害を持っている子の世話を託す見返りとして特定の子女により多くの遺産を残したい、という高齢者の切実な思いが読み取れる。多数の潜在的介護者の中で「誰がなぜ主介護者になるのか」は家族関係、社会的要因、心理的要因、物質的要因などが働く交渉によって決まる。[34]日本の民法では原則的に相続人を血族に限っているので、血族ではない人に遺産を残すために養子縁組が活用されることもあるという。ただ、高齢者の遺言に法定相続人が同意せず最低限の相続分を受け取るために「遺留分減殺請求」を行うこともある。遺留分とは法定相続人に保障されている権利のことであり、子女や配偶者の場合、最低限度の遺産に対する取り分は1／2になるという。次は、人生の最期まで主体的に生きるある高齢者の苦悩と決断を生々しく伝え、高齢者の多様性をことさらに思い知らせる事例である（槇村、2004：184〜218の要約）。

脳梗塞の発作で倒れてから二度目の手術を前にした80歳近くの田辺（仮名）は、先立った長男と妻、そして自分自身のケアに尽力してきた長男の嫁（以下、N子）に、できる限り多くの遺産を残すために苦心を重ねた。同居していた長男は40歳で子どもを残さずに死亡し、田辺とN子は赤の他人の関係になったが、N子は義理の親との同居を続け、姑にも介護を尽くした。田辺の法定相続人の長女と次男は、親の介護に協力しなかった。田辺はN子と密かに書類上の婚姻を結び、妻の関係になったN子に全財産を遺贈するという次のような内容の遺言を書く。「遺言者の全ての財産を妻である相続人N子に遺贈する……N子は前夫（田辺の長男）の死亡の前後十

33 介護事故が発生すると、ケアの中の「見えるもの」、居室内などでの「見えぬもの」とに大別し、また①スタッフによるもの、②お年寄りの体の弱さからくるもの、③不十分な設備など環境因子に関わるものといったいろいろな要因を分析し、さらに①予測・予知できなかったのか、②被害が最小限にくいとめられたのか、③どうしたら再発防止できるか、といった角度から分析を重ね、事故の情報についてスタッフへの共有と市民への公開を進めるというリスクマネジメントのこと。

34 このテーマについての事例が紹介されている数少ない参考文献としては、アンガーソン（平岡他訳、1999：第3章）がある。

数年にわたり、遺言者の前妻に対し、実子も及ばぬ献身的な介護を尽くしてくれた。更に遺言者との婚姻後、身体の自由を失った遺言者への介護は睡眠を惜しんでのものであった。その長年の苦労に報いるため、遺言者はこの遺言書を残すものである」。

田辺は、長女と次男にはすでに生活基盤になる援助を行ってきたことを記し、遺留分減殺の申立てをしないように、と遺言書に明記したが、遺言は無視され、2人は遺留分減殺の申立てを行った。結果、全財産の3／4がN子に、残りの1／4を長女・次男が遺留分として折半することになった。

2つの事例からみる終末期高齢者の理解

よいケアとは何か。この点についても、「不適切なケアとは何か」という論議から示唆を得ることができる。村上（2021：34～52）は医療現場においてケアの核心的要素であるコミュニケーションを阻む要因として「①機械への依存、②客観的計測への拘泥《こうでい》（例えば、患者の痛みの状況を数値として理解するなど、身体をモノとして扱う視点）、③業務過多と人員不足、④拘束・隔離、⑤「人を見るモノサシ」を外す、⑥ヒエラルキーを脇に置く（強いピラミット構造）」を挙げ、石川（2011：69～73）は医療における不適切なケアとして、①一方向性、②相手を尊重しない、③強いパターナリズム、④自己目的化を挙げている。

これらの指摘は、ケアにおいてケアラーとケアの受け手の間にはコミュニケーションが極めて重要であること、ケアの相手は人間であることを常に認識し尊重すること、相互性はケアの核心的要素であることを改めて思い起こす。私はここで、終末期の人々とのコミュニケーションの要諦は、耳を傾けることであることをことさらに気づかせる2つの臨終事例を紹介したい。臨終者は最後まで主体的に生きる人であること、それゆえ臨終者の言葉を恣意的に解釈したり即断したりせず、その意の察知に努めなければならないことを、教訓的に伝える事例である。

事例①ブッダの臨終

80歳になったブッダ（仏陀）が旅の途中重病を患い、入滅の地クシナーラーへ向かって歩いていた臨終当日の出来事である。クシナーラーの手前約10キロのところには、ブッダが最後の沐浴をし、水を飲んだと伝わるカクッター河が実在するが、その手前のある小川の辺りに着いた時、憔悴したブッダはアーナンダにいう。〝アーナンダよ。わたしに水をもって来てくれ。わたしは、のどが渇いている。わたしは飲みたいのだ〟と。アーナンダは尊師に〝いま、この川に五百の車が通り過ぎ、川の水は車輪に割り込まれて、かき乱され、濁って流れています。かのカクッター河は遠からぬ所にあり、水が澄んでいるのでそこで水を飲んで、お体を冷やしてください〟と答えた。しかし、ブッダは再度水を頼み、アーナンダの同じ答えに対し三度水を要請し、アーナンダは鉢をもって川におもむいた。ところが、川は澄んで流れていた。水を汲んできたアーナンダは次のように言っている。〝尊師よ。不思議なことです。この小川は車輪に割り込まれて濁って流れていましたが、私が近づくと、小川の水は澄んで濁らずに流れていました〟（『大パーリニッパーナ経』第4章）（濁った川水が瞬間的に澄んでいくのは自然現象であろう）。

写真1　カクッター河を南から北へ眺めた風景（2012・2。筆者撮影）

事例②：諸葛孔明の臨終

三国志の英雄の1人、蜀の丞相、諸葛孔明は54歳を迎え、重病の身になって五丈原で曹操の軍と対峙していた。成都の天子、劉禅（劉備の子）は李福を勅使として五丈原へ派遣し、見舞いを兼ねて自分のおくり名をうかがった。孔明は「愍帝」と書いて渡した。李福が五丈原を離れるや孔明は昏睡状態になったが、時々意識が戻ると〝李福はまだ来ていないのか〟と聞く。側近の者たちは深い悲しみに包まれた。飛ぶ鳥も落とす神のような人間として崇められた孔明だが、もはや意識すら混濁であると思い込んだからである。ところが、二日たつと、あの李福が再び五丈原に引き返してきた。李福は成都に戻る途中、次のように考えた。「丞相の病は思いのほか重いようだ。死期が迫っているかも知れない。皇帝にこの状況を報告すると、孔明亡き後の丞相の人事について何か諮問があったのか、と聞かれる可能性がある。やはりそのことについてもうかがってから帰ろう」と。戻ってきた李福に孔明は〝公琰と文偉〟と告げた。孔明の後を継ぐ丞相は公琰、公琰の次は文偉であるという意味であった（『三国志演義』『十八史略』などの基づき、筆者が再構成)。

4．日本の高齢者ケアレジームとケア欠乏

日本の高齢者ケアレジーム

日本の高齢者ケアレジームの特徴は介護保険の特徴によってほぼ決定づけられるが、次のように要約できる。第一に、普遍主義のサービスシステムではなく、社会保険の仕組みであり、介護サービスの利用時には原則10％(所得水準によって、2015年度から2割負担、2018年度から3割負担の導入)の本人負担が必要になる。本人負担はサービス利用の抑制要因になっている。これはドイツの介護保険に本人負担がないことと異なる。本人負担は要介護度が高いほど重くなり、要介護度5の高齢者が限度額までサービスを利用した場合、本人負担は少なくとも月額約36,000円になる。

第二に、ケアサービス供給者は民間事業者が圧倒的であり、営利部門の事業者の割合も高い。営利部門の事業には、市場原理の弊害として指摘されてきたクリームスキーミングなどの問題が実際に発生している可能性(金谷、2022：第4章)がある。準市場化といわれるこのシステムによって、一方ではケアサービスの供給が短期間に拡大し、高齢者のサービス選択の幅が広がったのは事実である。しかし、もう一方では、介護システムにおける公共性の希薄化が持続的に進んできた。表1は居宅介護事業供給者の構成割合の推移であるが、居宅事業供給者に占める営利法人の割合は2020年50％を上回っ

表1　居宅介護事業所の開設者別事業者数の構成割合（単位：%、各年10月）

年	地方公共団体	日本赤十字社 *	社会福祉法人 **	医療法人	社団・財団法人	協同組合	営利法人（会社）	特定非営利活動法人（NPO）	その他
2000	11.9	0.3	35.0	25.1	-	3.3	18.1	0.9	5.5
2005	2.9	-	30.7	21.7	4.1	3.5	33.5	2.7	1.0
2010	1.4	-	29.8	19.0	3.1	3.0	39.4	3.5	0.8
2015	0.9	-	25.7	16.1	2.4	2.3	48.7	3.3	0.6
2020	0.7	-	24.5	15.8	2.1	2.0	51.2	3.0	0.7

*　社会保険関係団体・独立行政法人含む
** 社会福祉協議会含む
出所：厚生労働省「介護サービス・事業所調査結果の概況」（各年）に基づき作成）

ている。事業者の広域化（須田、2017：103）つまり複数の都道府県や全国に及ぶような規模のサービス供給組織が誕生したことも注目すべき変化である。この表から何よりも注目すべきは、地方公共団体の割合が11・9％から0・7％までに激減したことである。これは、地方公共団体が居宅介護事業から撤退したことを示すと解釈できる。

第三に、介護保険の保険者は基礎自治体であることから、自治体の間に格差がある。財政的に厳しい自治体は、介護サービス利用の入り口である要介護度判定を厳しく運用することでサービス利用を抑制することができるようになっている。介護保険の基調は新自由主義であると指摘されるが、新自由主義は格差・不平等の是正を重要な政策課題とみなさず、むしろ「地域活力を引き出す条件」としてみなす傾向がある。介護保険を地方分権の試金石と規定した政府の方針も、こうした考え方の反映である。

第四に、制度の仕組みが極めて複雑であり、複雑さが益しているということである。その原因は、介護支出を間接的に抑えるために、既存の介護保険とは別の制度を作ったり、制度施行の過程で発生する問題に対処し微細な制度改定を重ねたりしてきたことにある。前者の例としては「総合事業」（介護予防・日常生活支援事業）の創設があり、後者の例としてはケアマネージャーをめぐる制度の変化がある。[35] 制度の複雑さは制度運用への国民参加を阻み、制度に対する国民の信頼を得難くする要因となる。

老人貧困と介護保障負担

人口高齢化はさまざまな経路から国家財政を圧迫する。[36] 介護保険に限ってみても、２０００年の利用者数（１，８４０，０００人）を１００とした場合、２０２０年の利用者数（５，７２９，０１０人）は

35　介護保険の核心的マンパワーであるケアマネージャーは公的ワーカーではなく、その約90％は民間事業所に所属している。つまり、介護事業者の利害関係から自由ではないという根本的矛盾を抱えている。そのため、主任ケアマネージャー制度の導入や多数の事業者から介護サービスを利用した場合には報酬の加算を適用するなどの微調整を重ねてきた。その結果、制度がわかりにくくなっている。

36　財政運用を難しくする日本特有の要因としては深刻な財政赤字と高い国家債務が挙げられる。一般会計歳出総額（１１０・３兆円）の中、国債費（＝過去の借金の返済と利息）が22・1％（24・３兆円）を占める（財政部『日本の財政の状況』２０２３）。２０２０年度の介護給付費（利用者負担を除く）が10兆２３１１億円（厚生労働省『令和２年度介護保険事業状況報告（年報）』）であったので、国債費支出の規模の大きさが実感できる。日本の国債は１９８０年代にはGDPの50・63％にとどまっていたが、２０２２年現在１０２９兆円で、GDP対比２６３・１％になり、とび抜いて世界最高水準である。赤字国債の増加にはバブル経済以降の長期的不況という経済環境の影響もあったが、いわゆる「非難回避の政治」（politics of blame-avoidance。政治的に国民の支持を得にくい政策決定は、可能な限り次の政権（内閣）に譲り、当政権に対する有権者の非難を避けようとする風潮）という概念的道具によっても説明が可能である。

311、介護保険利用者の割合も8・3%から15・8%に増加した（朴、2022）。これに対処するための政府の選択は高齢者の負担を増やすことであり、公的年金の保険料率と国民年金の定額保険料の引き上げ、医療保険における高齢者本人負担優遇の見直しなどが行われた。特に介護保険においてはサービス利用時の本人負担、特に施設入所者の本人負担が重くなり、介護保険料も大幅に引き上げられてきた。

サービス利用時の本人負担は、低所得高齢者の介護問題を深化する。近年のOECD報告書（2017a）は「日本の高齢者貧困は依然として高いが、貧困リスクは高齢者から児童・青年層にシフトしている」と述べる。確かに過去40年間、高齢者貧困は減少傾向を示すものの高齢者貧困率はOECD平均13・1%（男性11・4%、女性15・3%）よりは高い20%（男性16・4%、女性22・8%）（OECD、2021：187）であり、全人口貧困率（15・7%）よりも高い。また、この点は5年前の状況とほとんど変わっていない。さらに、50代以下の全ての年齢層において貧困率が上昇しているので、若年人口層が高齢層に進入すれば、高齢者貧困はさらに深刻になる可能性がある。

日本の高齢者貧困の原因について、OECD（2017a）は低い年金、女性の労働市場参加の低さ、独身女性の長寿などを主な背景要因として挙げる。また前田（2018）は低い年金あるいは無年金、高齢者の就業および健康の格差とともに、未婚の子女との同居世帯の増加を挙げている。この3番目の要因はいわゆる8050問題と係る。西（2017）によると、34～44歳の未婚者の中で親世帯と同居する人数は、1980年39万人から2015年に308万人に達し、その中で基本生活を親に依存する人は約55万人で同人口層の16・3%を占める。45～54歳の未婚者の場合は2013年136万人から2016年には158万人に増加した。うち基本生活を親に依存する人は、2016年約31万人と推定される。40～64歳及びその同居者に対する全国調査（5千人対象。内閣府2019「生活状況に関する調査（平成30年度）」）によると、この年齢層で引きこもり状態の人は61・3万人と推定される。

「家計調査年報」（総務省）に基づき、2002年と2014年の高齢者のみ世帯の月間実収入と実支出を分析すると、次のような3つの事実が確認される（朴、2018）。第1は、高齢者の家計赤字の増加傾向である。2014年現在、高齢者世帯の実収入は209，431円、実支出は265，457円で家計赤字が56，026円であった。2002年の赤字（28，772円）よりは大幅に増えた数字である。貯金の切り崩しなどの対応がとられていると推測される。第2は収入の減少である。2014年高齢者の収入は2002年に比べて大幅に減少した（238，153円から208，431円、約12％減）。同期間中、労働者世帯の収入減少率（4％）よりははるかに深刻である。第3に、高齢者世帯の主な収入源である年金などの社会保障収入は、2002年223，474円から、2014年193，900円と29，594円減少した（13％減）一方、社会保険料負担は、同期間中12，416円から16，467円に4，051円（25％）増加した。

年金収入の減少は、1989年と1994年、そして2004年の年金改革（マクロ経済スライドの導入）を通して、年金給付の削減を重ねてきた結果である。生活保護の給付も削減されてきた。生活保護受給者の中には高齢者の割合が増加しているので、給付削減は高齢者貧困に大きな影響を与える。ただ、生活保護の受給者の場合、介護保険料とサービス利用の本人負担は生活保護給付（生計扶助、介護扶助）によってカバーされる。

ケア欠乏の現状

ケア欠乏とは必要なケアサービスが利用できない問題と制度的ケアを提供するケアラー・ケアワーカーの確保ができていない問題のことである。イギリスの場合、２０２０年基準で必要な介護が受けられない高齢者数は１５０万人以上（ケア・コレクティヴ、岡野他、２０２１：24）といわれる。日本では介護施設の待機者、在宅で適切なケアなしで生活する高齢者は「介護難民」と呼ばれるが、その規模は明らかになっていない。本人負担を減らすためにサービス利用を最小限に止める場合も多くあると推測される。老老介護、認認介護、病病介護、介護殺人などの言葉は介護難民問題を反映している。

介護保険の要介護度には利用限度額（＝介護保険給付の限度額）が設定されており、その超過分は全額本人負担となる。限度額はその趣旨からみれば、高齢者のＱＯＬの維持のために必要とされる介護サービスの量を金額で示したものである。ただし、１人暮らしの場合と同居人がいる場合とは、実際に必要とされるサービス量（時間）が異なる。当初、利用限度額は「同居する家族員がいる場合の要介護高齢者」を想定して算定されたと知られる（三原、２０２０）。従って、１人暮らしの要介護高齢者の場合、限度額は必要レベルに及んでいない可能性が高い。１人暮らしの高齢者は男女ともに増加傾向にあるので、利用限度額の合理性についての検証が求められる。ちなみに、１人暮らしの高齢者は１９８０年には男性19万人（高齢者の４・３％）、女性69万人（高齢者の11・２％）であったが、２０２０年には、男性２４３・５万人（15・５％）、女性４５９万人（22・４％）となっている（『令和３年高齢社会白書』）。

さらに注視すべきは、限度額と実際のサービス利用率の隔たりである。表２は限度額に占める平均利用率と、限度額を超えている人の割合を示す。要介護度が高いほど利用率が高くなるが、要介護度４・

5の場合でさえ平均利用率は61・8％と65・9％に止まっている。その理由としてまず考えられるのは、本人負担を減らすためである。特養の自己負担増加によって、入所者の「多床室への移動」（11％）や費用負担の困難で退所（5・2％）（2016年施設連合会の調査）のケースが発生している（朴他、2017a）。

一方、ケアワーカーの不足もきっきんの課題である。厚生労働省（「第8期介護保険事業計画に基づく介護職員の必要数について」）は2030年度に44万人、2040年度には69万人の介護職員が不足すると推計されている。ケア離職者が年間10万人に達しており、その多くが40・50代の労働者であることから、その影響は全産業に及んでいる。一方、潜在有資格者（ケア資格を持っていながらケアの仕事についていない人）が大規模で存在する。ケアワーカーの不足の原因としては、低賃金などの労働条件だけでなく、ケアワーカーに対するコミュニティ・サンクション（地域社会の認定）の低さ（＝ケア職の専門性が認められていない状態）、そこに女性差別などの文化的要因もある。また、女性ケアワーカー自らが子育てや家族介護のために離職する場合も多いので、ケア人材の確保のためにも、ケアワーカーへの包括的支援が求められる。

高齢者介護パラダイムの転換は可能か――むすびに代えて

高齢者ケア分野の政策革新のためには「今までのやり方でも対処できる」という安易な風土を乗り越

表2　限度額に占める平均利用率と、限度額を超えている人の割合

	要支援1	要支援2	要介護1	要介護2	要介護3	要介護4	要介護5
限度額に占める1人当たり平均利用率	26.7%	21.1%	44.4%	53.0%	58.0%	61.8%	65.6%
限度額を超えている人の割合	0.4%	0.1%	1.7%	3.6%	2.9%	3.8%	4.9%

出所：三原、2020：5

える必要があるが、そのためには次の2点についての哲学的省察が求められる。

第一は、制度の微調整を重ねていくという対処方法への省察である。政府は保険報酬の加算というインセンティブ政策を活用し、ケア事業者のより適切な活動を誘導してきた。しかし、このアプローチは長期的には福祉マインドを弱める負の効果が付帯していることに注意が必要である。政府政策が予想もしなかった悪い結果をもたらすことは度々起こるが、道徳経済学者ボールズ（Bowles, 2016）はこの現象を「クラウディング・アウト」（crowding out。社会的に有益なことを締め出す現象）と名付けた。興味深いのは、ボールズがその例としてインセンティブ政策を挙げている点である。短期的にみると、インセンティブ制度は利己的な市民・事業者を公益に資する行動へと導く、いわゆるナッジ（nudge）効果を持つ。しかし、ボールズが警告するように、長期的にみると、インセンティブ活用の常態化は、人々の間に存在する互恵性、寛大さ、信頼のような利他的動機を弱化させるリスクを高める。

インセンティブは人々の行動をある種の望ましい方向・水準に導くために考案されるが、インセンティブが趣旨通り作動するという保証はない。適切な保険報酬加算を活用すれば、ケア事業者の逸脱を短期

的に防止できるかも知れない。しかし、そうしたやり方は「経済的利益を優先視する事業者」の方により多くの利益を与え、やがては社会の道徳感情の弱化をもたらしやすい。健全な市民社会には「社会的選好」（social preferences）（Bowles, 2016:45）と呼ばれる傾向がある。それは、「自分の富・利益の極大化を選好するのではなく、利他主義や互恵性、他人を助けることから得られる個人的楽しさ、不平等の回避、倫理的献身などをより選好する現象」のことであり、健全な社会の維持に欠かせない。

どうして、良き意図の政策がそうしたリスクを発生させるのかというと、社会にはホモ・エコノミカスだけでなく、ホモ・リシプロカンス（相互的人間）が多く存在するからである。事実、ある政策がよき結果を得るためには自分に経済的利益がないにもかかわらず、他人をケアする市民の存在が一定数必要である。なぜならホモ・リシプロカンスが周りの人々を邪悪に走らないように誘導するからである。しかし、政策革新が起きない中で、インセンティブ政策だけが積み重ねられると、ホモ・リシプロカンスの規模の縮小が進む可能性が高くなる。このリスクに対する哲学的省察が求められる。

第二は、現金給付としての介護手当についてである。介護家族への現金給付は、介護保険発足時から検討されていた。しかし、女性の社会参画を妨げる可能性、介護を見えにくくする可能性、介護は女性の役割といった観念の固着化などへの懸念から、その導入が見送られたと知られる。「保険あってサービスなし」という懸念を解消し、「サービスの選択ができるシステム」の確立を最優先課題とした政府の立場からみれば、家族手当は介護産業の拡大を阻む要因とみなされたに違いない。

介護サービスが選択できる条件は、サービスの供給の確保だけでない。選択に伴う支払い能力も非常に重要な条件であるからである。ますます重くなる介護保障負担を背負いながらも、いざサービスが必要になった時、本人負担のために利用を抑制せざるを得ない状況になると、「強制適用」という社会保険の正統性が疑われる事態になりかねない。

介護供給は持続的に拡大されてきており、介護の供給量はほぼ確保されている。それは、現時点で家族手当を導入しても、それによって介護供給が縮小する可能性は少ないことを意味する。多くの要介護高齢者は家族介護によって支えられており、男性ケアラーも増えている中で家族手当を全く認めないことは、それ自体、サービス抑制のための手段として働いていることをうかがわせる。公平性の視点からみても家族介護者は非常に不利な立場に立たされており、「家族ケアラーとの共生」は喫緊の課題である。介護手当は、女性の社会参加や介護市場のあり方と関わる政府戦略の問題であるが、家族ケアラーの苦境を助けるためにも、人手不足問題を部分的に解消するためにも、家族ケアラーや要介護高齢者が現金給付として介護手当が選択できるようにする体制を整えるべきである、と私は思う。

高齢者ケアレジームにおいて政策革新が求められるなら、どのような選択肢が考えられるのか。まず、抜本的革新として、高齢者ケアシステムを「ケア（福祉）国家レジーム」をめざすシステムに再編していく選択がある。ケア国家とは、終章で述べるように、福祉国家の骨格を維持しながらケアの負担が女性あるいは特定民族に集中する現象の解消を社会経済政策の優先課題とする国家体制のことである。それは安い労働力の確保という視点から民族的アウトソーシングを行う政策を放棄すること、社会全般をより民主的に再編することを意味する。問題はそれに必要な哲学的転換と国民の合意が可能かどうかである。

普遍的基本サービス（Universal Basic Services、以下ＵＢＳ）あるいは基本サービス（ＢＳ）の導入という選択肢もある。ＵＢＳは社会的ニーズもしくは手段的ニーズ（intermediated needs）の充足のための諸サービス（保健医療、教育、成人ケア、児童保育、居住、情報）を無料で提供するものである（Coote & Percy, 2020: 5-8）。このアイディアは公式的には基本所得（Basic Income）に対応する概念として提起されたが、UBSは基本所得に比べると実現可能性がより高く、部分的・漸次的実現という方法的選択肢もありうる。[37] 日本でもすでに2018年には井手（2018）によって具体的な提案がなされている。井手によると、UBSは「分断社会から頼りあえる社会へ」の道である。

以上のような抜本的な政策革新を選択肢から外すならば、次に考えられるのは、ケア欠乏の問題を最小限度にとどめ、高齢者ケア負担の行末を透明化する方策である。近年、イギリスでは生涯ケア負担の上限を示す政策革新が行われた。2023年9月からは生涯にわたるケア利用の自己負担金に86000ポンドという上限制度を実行することになっている。この社会ケア改革（Social Care Reform）は2021年9月に行われたとされる。[38] 上限を86000ポンド（約1400万円）に設けた根拠など、詳しい情報は筆者にも得られていないが、日本のこれからの選択には重要な示唆を与える改革である。それは高齢者と家族の介護負担の行く末を可視化し、介護負担の計画的対応に役立つと思われる。

37　Coote & Percy（2020:4）はUBSを構成する3つの言葉「普遍」「基本」「サービス」のそれぞれの定義を次のように行う：「サービス＝公衆の利益実現に寄与する、集団主義的に形成された諸活動。基本＝そのサービスが人々のニーズに対処するための核心的かつ十分であること。普遍＝支払い能力に関わりなく自分たちのニーズを充足するに適切なサービスへの受給資格を持つこと」。

38　イギリス政府のホームページ（https://www.gov.uk/government/）。

（本章の内容は科学研究費――課題番号：２０Ｋ０２２００の支援による研究成果の一部である。）

終章　ケアコミュニティをめざす——よき実践例を素材に

朴　光駿

はじめに

ケア・コレクティブ（岡野他訳、2021：34）は、ケアしないコミュニティから脱却し、普遍的ケアという新しい理念・モデルの実現をめざすならば、最初にしなければならない作業は「さまざまなケア問題に有効的に対処してきた豊かな事例を掘り起こすこと」であると指摘した。われわれがめざすケア社会・共生社会というのも、未曽有の生活様式ではなく、多くの先駆的実践者によって実際に試されてきた実践事例の中から発見できると信じたい。だからこそ、そうした良き事例を発掘すること、そしてそれについて省察することが求められる。

ここでは、共生社会をめざす先行事例として政策事例と実践事例を紹介する。政策事例としては1930年代におけるスウェーデン福祉国家の家族政策、実践事例としては日本国内外の3つの事例を素材にして、今日求められるケア社会のあり方について述べたい。

1．ケア国家の先駆的政策事例

福祉国家からケア国家へ

戦後成立した福祉国家は、共生社会の実現をめざす人類の理性的発明品であり、実際に多くの人々の生活を保障してきた。福祉国家は社会保障制度の充実をその要件とするが、その構成要素である社会保険・公的扶助・社会サービスの完成度にはかなりのバリエーションがある。例えば、スウェーデンなどの北欧福祉国家と南ヨーロッパの国々の間には社会保障の包括性にかなりの格差がある。格差の背景には経済水準や教育水準の格差だけでなく[39]、家族・女性に関わる社会文化（家族主義）の違いがある。

一国の福祉レジームの特徴は、社会サービスの特徴によって決まるといって過言ではない。なぜなら、社会サービスには当該国の社会文化が強く結びつかれているからである。また、社会サービスは社会保障の構成要素の中でも最も遅くれて発展する傾向がある（朴、２０２２）。一般に家族主義文化の強い地域であるほど、社会サービスやケアの社会化は遅れる傾向をみせる。家族主義は多様な生活問題への対処を家族に任せ、家族にそうした能力を欠いたと証明された場合に限って初めて公的支援を行う風潮のことであり、ケアに関する限り、家族責任とは現実には女性責任とほぼ同意語になっている。東アジアと南ヨーロッパは世界の中でも家族主義文化の強い地域であるが、この地域が世界で最も低い出生率の地域になっているのも、さらなるケア負担を避けたいという家族の思惑による。

今日においても多くの福祉国家にとって、家族のケア負担の軽減が政策課題となっていることから、ケアは社会民主主義の福祉制度においても排除されてきたと度々指摘される。福祉国家体制が、主に女性によって占められているケアラーの労働と福祉問題に目を逸らしてきたことへの批判である。このような状況を背景に、近年「福祉国家からケア国家へ」という論議がなされている。

ケア国家（＝ケア福祉国家 caring welfare state）とは既存の福祉国家の弱点であるケア問題に対し、コミュニティや国家がさらに深く関与し、個人やコミュニティのケアニーズに個別的に対応する国家（Bagni, 2014）のことをいう。ケア国家は伝統的福祉国家の枠組みを前提とし、そのうえ、女性あるいは特定民族や階層にケア負担が集中する現象を「ジェンダー化された搾取、民族的搾取」として捉え、ケアにおける性的役割分担・人種的役割分担を拒否する体制（ケア・コレクティブ、岡野他訳、２０２１：１２５）である。要するに、既存の福祉国家にケア民主主義の性格を明確に加えた国家体制のことである。

39　北欧の福祉水準はその他のヨーロッパ、とりわけ南ヨーロッパ（ポルトガル、イタリア、ギリシャ、スペイン）とはかなりの格差がある。格差には教育水準の要因もある（エスピン－アンデルセン・林昌宏訳、２００８：73〜74）。例えば、２００１年の時点で、一般的な子育期（35歳〜44歳）の女性の教育水準をみると、「義務教育までの学歴」は、スペイン54％、スウェーデン12％であった。ただ、25歳〜34歳の年齢層になるとその格差が縮まっているので、国家間教育格差は改善の傾向をみせている。

1930年代におけるスウェーデン福祉国家の成立

ケア国家のアイディアは、実は、1930年代のスウェーデン福祉国家から見出すことができる。1930年代に人口危機（少子化）に直面したスウェーデンは、少子化の根本的原因がケアラーの過度な負担にあることを見抜き、社会をケアラーとの共生をめざす民主的社会に変えることを人口危機対策の目標と設定し、そのための具体的政策を実施してきた。前述の「民主的社会なくしてケア問題解決なし」(Tronto, 2013) の問題意識を早くも1930年代から国家政策に反映するほど先駆的であった。

スウェーデン福祉国家理念の要諦とその特徴については、それに決定的な役割を果たしたミュルダル夫妻の思想と提言内容を要約・紹介することをもって代えたい。次は、共生やケア問題の核心を突く優れた夫妻の見解を筆者が要約したものである（以下、Barber・藤田訳、2011：第5章；Alva Myrdal, 1941 : Chap.1；藤田、2010、などからの筆者要約)。

人口減少は社会危機につながる重大な問題である。そもそも人口危機の本質は家族危機であり、人口減少は家族危機が表出されただけのものである。家族が経済変化に適切に対応できたならば、出生率の低下は起きなかったはずである。出生率低下の直接的原因は避妊による産児制限にあるが、避妊の根底には、子育てが女性の労働市場参入を抑制し、生活水準の向上可能性を抑制するという判断がある。つまり、児童養育の経済負担と機会費用の増加が出生率低下をもたらしたのである。

人口問題は社会全体の集団的利益と個人的利益との葛藤が表面化した現象である。集団利益の視点からみれば出生率の上昇が望ましいが、個人利益の視点からみれば、少ない子女数が有利である。したがって、両者の利益を調整する必要があるが、調整の前提としなければならないのは民主主義の遵守である。避妊を禁止することや女性の社会進出を妨げようとする反民主的政策は選択肢から外さなければならない。家族が国家に服従することなく、自らの選択によって適切な人数の子女を持つように誘導すること、児童養育の費用を国民全体の責任で分担することが求められる。

人口政策は家族を対象とする社会政策の一種であるが、その支援方法としては家族手当（フランス）のような現金給付ではなく、雇用創出の効果を持つ現物給付（サービス）の方が望ましい。女性の社会参加は出生率の向上にも、また貧困の解消・予防にも効果的であるが、そのための基本的条件となるのが出産・育児の支援である。人口問題には量的増大とともに質的向上も重要である。幼い頃に享受した良きケアは、児童の身体的・道徳的改善をもたらし、それが広い意味での高質の労働生産性につながるはずである。これが予防的社会政策である。

このような科学的処方と論理は社民党の「国民の家」理念と合致し、1932年からのハンソン（P. A. Hansson）政府によって具体的政策として立法化された。「国民の家」はスウェーデン福祉国家の思想的基盤である。スウェーデンという国を、すべての家族員が平等に扱われ、協力し合う生活様式に満ちた家庭のように作り上げること、連帯意識と共生が日常化し、特権層と疎外層、収奪者と被収奪者とに区切られる障壁のない社会にしていくというビジョンであった。その理念は1932年社民党政府の首相、ハンソンの次のような哲学に濃縮されている。「良き家族には、独り占めする人もいなければ貶される子どももいない。他の兄弟を見下げることもなければ、他人を犠牲にして利益を追い求めることもない。弱い兄弟を無視したり抑圧したりもしない。国もそうした良き家庭のようにしなければならない」。

2．実践事例①：ユダヤ人救助者のケア教育

ユダヤ人救助者の語り

他人を助け、ケアする行動はどのように発せられるのか。オリナー夫妻（S. & M. Oliner, 1988）の成果はこの問題について極めて重要な示唆を与える。これは第2次世界大戦中、ナチスのヨーロッパ占領地でユダヤ人を匿ったり脱出を支援したりした人々（ドイツ人やポーランド人など。以下、救助者）と、ケアしなかった人々（以下、非救助者）合計約700人に対する調査（質問紙、インタビュー）をベースにし、人助けをするパーソナリティがどのように形成されるのかを論議したものである。

当時、ユダヤ人救助はリスクを伴う行為であり、道徳的義務の範囲を越えていた。にもかかわらず救助者らはリスクを冒すまでにしてなぜユダヤ人をケアしたのか。ユダヤ人に2年間隠れ場所を提供したというあるドイツ人男性は、救助について「普段と変わらない行いをしただけです。その場面に当たったら誰もが私のように対処をしたでしょう」という。一般に、救助者たちは「他の選択肢はなかった」

「やるべきことをやっただけの平凡な行いだ」と答える。要するに、救助者の場合、助けるか否かを選び悩むことなく、当たり前のように他人を助けていた。それは当人が持っているパーソナリティや道徳的心性による自然な行為（同書222頁）と解釈された。著者らはそれを利他主義的パーソナリティと名づけ、さらにその形成ルーツを追求した。

救助者・非救助者の間に社会観・世界観の違いがあったことは容易に想像できる。一般に非救助者は、ユダヤ人に対する否定的な固定観念は別にしても、救助者に比べて自己中心的で他人を不信する傾向、外部世界に対する極めて狭い視野、外部者との感情的孤立、そして何よりも相対的に自己効力感（sense of personal efficacy）の低さがみられた。それに対して、救助者の場合は、自分の力で環境が変えられるという強い自己効力感を持っていた。他者志向的で、他人の苦痛に対する受容的態度、他人に対する持続的愛着の重要性を受容し、他のグループとの類似性と連携性を重視する包容的世界観を持っていた。

著者らはこうした世界観と行動の違いを、幼児期の家族関係（親子関係）、養育の仕方にまでさかのぼり、その因子を追求した。というのも、宗教的動機あるいは愛国主義などの価値観は、救助か非救助かの決定にさほど重要な影響を与えておらず、両者の間に有意義な違いもなかったからである。たとえば、救助者の語りの中でも助けの動機として「宗教、神、キリスト精神」を一回以上言及したのは15％に過ぎなかった。

救助と非救助の分かれ道：ケア教育

オリナー夫妻は救助者・非救助者の決定的分かれ道として「養育の相違、子どもの頃親からの受けた教育の違い」に注目した。ただし、子どもの価値観教育においては救助者・非救助者の間には共通点もあった。たとえば「公平、尊敬、正直の価値」はどの親からも強調されていた。両者の養育・教育に違いが明確になるのは次の3点においてであった（同書160〜167頁）。

第1は、子女教育の方法・手段である。「服従すること」への強調は、特に非救助者の間で目立っていた（救助者1％、非救助者9％）。また、しつけにおいても、救助者の場合は「論理（reasoning）によるしつけ」の傾向が強かったが、非救助者の場合は体罰によるしつけの傾向が確認された[40]。

第2は、最も重要な違いであるが、それは「ケアに対する態度の違い」であった。親あるいは影響を受けた大人から「協力的・友好的態度、気遣うこと、愛の行動の価値」を学んだという答えは、救助者44％、非救助者25％であった。何よりも、救助者の67％は自らの救助経験を語る際に、少なくとも1回以上ケアという言葉を使っていた。親からケア行動を勧められたことが、その後のケア行動と社会親和的行動に強い影響を残したと解釈される。救助者の語りの中で特徴的内容は次の通りである。「隣人に善行を行うこと、気遣うこと、責任感を持つこと、仕事の時だけでなく人を助ける時にも真面目に働くこと、他人をケアすること、他人を愛すること」。

第3に、人間に対する倫理的価値・義務の強調において、「特定の人々への倫理的義務」が強調されたか、それとも「すべての人間に対する倫理的義務」が強調されたか、において有意義な違いがあった。「倫理的価値を向けるべき対象は誰か」という問いに対し、「すべての人間」の答えは救助者の39％、非救助者の13％であった。つまり、①神、親、家族、高齢者、祖国など特定対象への倫理的義務の強調か、②すべての人への倫理的義務の強調かにおいて違いがあり、救助者の養育・教育には②の傾向が強かった。他人に対する開放性、信頼、相互依存意識は共感と同情心を培う土壌であるが、その開放性の範囲において違いがあったのである。

ここでこの研究を引用する意図は、家庭教育の重要性だけを強調するためではない。子育てには親以外にも多くの人々、学校や地域社会なども子どもの人格形成に関わるからである。従って、彼らのいう「親からの教育」とは、「親＋保育の関わった人々＋教育者＋隣人と地域社会＋マスコミ」つまり全体社会と置き換えられると考えられる。よりケア的な人間を養成するためには社会全体のケア文化の形成とそのための教育が必要であることを示唆するのである。

3．実践事例②：「自殺率のもっとも低いまち」の生活様式

「次悪の選択」としての自殺

東アジアは自殺率の高い地域であり、高齢者自殺も同様である。日本は伝統的に高い自殺率を維持してきたが、ここ30年間の動きをみると、世界の中でも自殺率の変動がもっとも激しい国に属する。と

40　体罰よりは論理的しつけの方が、よりケア的な人間を作り出すといわれる。共感的でケア的行動を育てるために効果的な教育は、「子どもが誰かに迷惑をかけた場合、その点を子どもに気づかせること」「他人が必要とすること、あるいは他人の感情について強調すること」「子どもが他人に被害を与えた時には、それに補償することについて強調すること」とされる。

いうのも、1997年24,391人だった自殺者はアジア金融危機の影響によって1998年32,863人まで急増し、2003年34,427人とピークになった後、2020年には20,919人に減少しているからである。

かつてデュルケーム（『自殺論』1897年）は「自殺は社会的原因によるものであり、自殺そのものが集団的現象である」（第2部第1章）と指摘した。彼は「非社会的要因」として、精神疾患、遺伝による心理状態、宇宙的要因（＝自然環境・気候・季節別温度）、模倣などを挙げたものの決定的に重要なのは社会的要因（＝宗教的統合の欠乏・家族統合の欠乏・社会的統合の欠乏）であると主張した。

自殺率が時代によって変動するということは、自殺に社会的要因が働くことの証である。疾患の一種であるうつは自殺を誘発する要因として知られる。しかし、自殺を医療的問題としてではなく社会的問題として捉える理由は、うつそのものが主に社会的要因によって発生するからである。ドイツの哲学者ハン（『疲労社会』）はうつ発生の社会的メカニズムを次のように喩える。「いかなる時代にもその時代固有の疾病がある。今の時代の疾病はうつという神経症的病気である……それは〝やればできないことなどない〟といった肯定性の過剰によって引き起こされる……新自由主義の労働倫理は労働者自らを枯渇させる特徴、自分自身を搾取するという暴力性を持つ……肯定性過剰の社会に生きる人間は常に自分との戦争状態になり、うつ患者はそうした内面化された戦争で負傷した軍人に他ならない」。

自殺は、自らの生だけでなく自殺の結果までも考慮した長時間の省察から選択された行為であり、生きづらさの指標である。[41] 自殺率の低さは生き心地の良さの証である。自殺の背景にはさまざまな要因があるが、最終的には生きることよりは死んだ方がマシという判断がある。私は10年ほど前に東アジア高齢者自殺調査の一環として、自殺問題が極めて深刻であった韓国での聞き取り調査の中で、ある自殺研究者（朴ヒョンミン氏）から、自殺は「次悪の選択」であるといわれたことが記憶に残る。自殺者にとって「現状が変わらないまま生き続けることが最悪」であり、「自殺も悪であるが最悪よりはマシの悪」すなわち次悪であるという意味である。

徳島県海部町の生活様式

太平洋沿いにある小さな町、徳島県海部町（現・海陽町）は日本で最も自殺率の低い地域と知られてきた。岡（2013）は海部町での参与観察などを通して、住民の生活様式に溶け込まれている自殺予防要因を明らかにした。当時、海部町は全国3000余市区町村[42]の中では、8番目に自殺率の低い町であり、人口2，602人、30年間自殺者数7人（自殺率8・7）であった。ただし、海部町より低い自殺率の町村7つはすべて小人口の島であった。特徴的なのは、海部町を挟んで両隣にぴったりと接する二町の自殺率は全国平均値よりも高かったのに対し、海部町だけが突出して低かったことである。

41　むろん、衝動による自殺もある。この類型の自殺は2000年代までの中国農村地域の女性自殺に多くみられる。そこには「農薬」が手に入れやすいという要因があった。農薬の管理を徹底したこと（農薬を施錠した箱の中に保管し、必要な時にのみ使用することなど）によって自殺抑制の効果があったことは、筆者の北京自殺予防センターへの訪問調査によって確認されている。

42　日本の全国市町村数は自治体統合によって2006年を前後した大きく変わっている。その数は、1999年3，232、2004年3，100、2006年1，821、2018年1，718になっている（総務省「H 11以降の市町村数の推移」）。

岡は、海部町からみつけた自殺予防因子として次の5つの生活様式を挙げている。

①いろんな人がいてもよい：いろんな人がいたほうがよい。多様性を尊重し、異質や異端なものに対する偏見が小さいこと

②人物本位主義をつらぬく：人間を問題解決能力や人柄をみて評価すること。教育長の人選において何よりも企画力が重視され、教育界での経験皆無で商工会議所に勤務していた41歳の男性を選出

③どうせ自分なんて、と考えない：主体的に社会にかかわること。自己効力感＝有能感が高い

④病は市に出せ：困ったことは素早く公開し、その解決に必要な他人の知恵を集める。個人的な悩みを開示しやすい環境

⑤ゆるやかにつながる：人間関係が固定されておらず、同調圧力を受けないこと

この5つの生活様式もむろん重要であるが、私としてより注目したいのは、隣の町村とは異なる独自の生活様式が定着するようになったその歴史文化的背景である。岡によると、海部町は江戸時代の初期に、それぞれ出身地域を異にする移住者たちによって形成されたという。この点は極めて重要な示唆を与える。というのも、それは海部町の始まりが人間の多様性を自然に受け入れる風土、よそ者に慣れる風土を意味するからである。相手が隣人かよそ者かによって、人に接する態度を大きく変えないという現在の生活様式とつながっている。海部町の住民の生活様式は、前記したユダヤ人救助者の世界観に相通じ

るものがある。周囲の出来事や人物を自分の生活に影響を与える要因として受け止めること、他人を特定せずに必要なら誰にでも手を差し伸べることなどがそうである。また、この点は、興味深いことに、次節の御手洗地区の住民の生活様式からも発見できる。

4．実践事例③：御手洗住民の共生的生き方

遊女との共生

御手洗地区は瀬戸内海の中央部、広島県呉市大崎下島にある100世帯あまりの港町である。御手洗には江戸時代中期から1950年代まで比較的大きい規模の遊郭が存在し、遊女の港とも呼ばれていた。そこには、1730年から江戸末期に至るまで御手洗で生を終えた遊女たちの墓石が80基ほど残っていたが、住民の主導でその墓石を港のみえる高台に移し「おいらん公園」（2003年）として整備した。遊女を、町の繁栄に貢献した住民として位置づけ、恩返しの気持ちを形にしたこの事例は、共生社会・ケア社会の論議に極めて重要な示唆を与える。

御手洗は、今から約350年前（1666年、寛文6年）に潮待ち・風待ちの良港として開発され、北前船の寄港地として栄えた。[43] 遊女は御手洗が開発された当時から存在していたようであり、公式的

43　北前船とは、江戸時代の中頃から明治30年代にかけて、①大阪から北海道（江戸時代の地名では大坂と蝦夷地）を日本海回りで往復していた、②寄港地で積荷を売り、新たな仕入れもした、③帆船である（日本遺産ホームページ）。

写真１　遊女の墓石を整備して造成されたおいらん公園から御手洗地区を眺める
（筆者撮影 2022・10）

になくなったのは１９５８年売春防止法の成立による。１６９２年ドイツ人医師ケンペルの『江戸参府旅行日記』にも御手洗の遊女が登場するが、[44] その後、遊郭が繁盛し、遊女が住人の20％を占める時期もあった。船が入港すると、遊女らは「オチョロ舟」と呼ばれる小舟に乗って寄港船に漕ぎつけ、船上において船員を対象に売春を行っていた。加藤（２００９）は現地調査と聞き取り調査に基づき、１９４５年前後から１９５５年頃まで住民・地域社会と遊女との関係について次のように述べている。

地域から隔離された通常の遊廓とは違って、御手洗では芸娼妓の行動に比較的自由が認められ、地域住民との接触、交流もほとんど規制されることはなかった……芸娼妓に対する蔑視の意識は少なく、むしろ彼女らに対する様々な気遣いがなされていた……１９３０年には御手洗小学校長や町長の発案により、芸娼妓の教育のための「芸妓学校」が創設された[45]……祭礼や町民運動会などの行事に芸娼妓を参加させていた……戦前の地域新聞によると、芸娼妓の慰労を目的に年に一度の「慰安日」が設けられ、その行事には警察署長や町長も出ていた……戦後も御手洗住人は芸娼妓を「ベッピン」「ベッピンさん」と呼んでいた……これらは御手洗における花街が、閉鎖的な花街（遊廓）とは異なり、地域住民との密接なつながりを持ちながら維持されてきたことを意味する。

共生的生き方とそのルーツ

地域住民の遊女への親しみや配慮は江戸時代から受け継がれたものと考えられるが、加藤（２００９）は御手洗に江戸時代からの遊女墓が多数残っていることをその証とみる。というのも、吉原などの大都市の遊廓ではこのように多数の遊女墓をみることはほとんどなく、他の遊郭にも例を見ないからである。[46]遊女の墓石整備などに重要な役割を果たし、『おちょろ舟終焉記』（１９８１）という名文を残した木村吉聡は「御手洗３００年の遊女史の中に一貫しているものは、町の存在そのものの支えの大きな力に

44 伊予《いよ》（愛媛県）の怒和島《ぬわじま》を出発したのち風待ちのために御手洗に入港したケンペルは、そこで30隻ほどの停泊船の間を「ヴィーナスの姉妹たち」を乗せて漕ぎ回る2般の小船があったことを記述している（木村、１９８１）。

45 オナゴヤには「仕込み」と呼ばれる少女がいた。10歳前後でオナゴヤに引き取られ将来芸妓となるために三味線や唄などを習う子どもであった。御手洗の小学校は、その子どもらの教育も担っていた。加藤は、尋常小学校の同級生には仕込みの少女が3人ほどいたという戦前期生まれの住人の証言をとっている。

46 加藤によると、吉原では寺の門前に亡くなった遊女の遺体を打ち捨てた話なども伝わっているほどであり、松岸遊廓においても、遊廓で亡くなった遊女は村の檀那寺でまとめて葬られ遊女個人の墓石はわずか1基が残されているという。

なっている、遊女たちの献身的な犠牲ということである」という。おいらん公園造成における住民リーダーの1人今崎仙也氏によると、売春防止法が成立した直後の時点においてすでに遊女に対し何らかの恩返しが必要であるという話があった。御手洗は遊女のおかげで発展したこと、御手洗を支えた彼女たちを絶対に忘れてはならないという認識が共有されていたのである。

今崎氏は中学在学中に地元を対象とする勉強会に参加していたが、遊女への関心はその時からだったという。彼は次のように語る（2022・10・1聞き取り）。〝御手洗には銭湯が3軒（実際は2軒）あったが、午後2時頃からの一番風呂はいつも遊女であった。彼女らは午後からは化粧などの仕事の準備をしなければならなかったので。住人はそれを気にしていなかった。町民運動会にも遊女たちが参加していたが、なんの違和感もなかった。自分の生家は八百屋だったが、買い物に来る遊女たちには本当に親しく接していた。学校入学時には遊女からお祝いをもらうこともあった〟。

墓地造成のきっかけは、山の斜面工事の際に土に埋もれていた100基ほどの墓石（遊女の墓石は80基ほど）が見つかったことであった[47]。住民組織は、①勉強会、②掃除、③活動の発信（2カ月1回）を重ね、墓地の整備を推し進めた。そして島内外の約300人の寄付金、町長や議長などの土地寄付に支えられ、念願であった遊女の墓地整備が完成された。

おいらん公園は、港が見渡せる小高いところに造成された。そこはもともと桃畑で、住民や遊女らの花見の場所であった。海が見える所にこだわったのは、次のような思いによるという。「遊女らは、船の帆を見たらどこからの船かがわかる。自分の国の船もあったであろう。しかし帰れない身である。たとえ住民が彼女たちを気遣ってくれても、寂しい思い・悲しい思いをしていたに違いない。痛い目にあった遊女もいたのではないか。せめて、景色の良い場所で過ごしてもらいたい」[48]。

まさに共生の地域社会という名に相応しい生活様式であるが、それはどのように形成・維持されてきたのか。次のような可能性が考えられる。「江戸時代では藩を超えた交流は極めて稀であったが、御手洗は北前船の寄港地であっただけに、さまざまな国の人々との交流の機会、多様性になれる機会に恵まれていた。それによって、多様な人々・地域との共生の意識が自然に生まれ、受け継がれてきたのではないか」と。この点に関連して、今崎氏は非常に重要な手掛かりを語ってくれた。それは、御手洗港が開発された時、最初に集まってきて町に定着した人々はさまざまな地域の出身者であったということである。前記した海部町の形成上の特徴を思い起こすところである。

開かれた世界観を持つこと、さまざまな人間・地域・文化を経験することは、他者に寛容な態度を育み、そしてその寛大さが共生社会の基礎を成すこと、さらにそこには住民リーダーが重要な役割を果たしてきていることを、御手洗の事例がことさらに気付かせてくれる。

47　墓石それぞれに刻まれている名前や年代などの情報は、地域住民によって記録されているが、その墓石を誰が作ったのかは不明だという。お寺が作ったのではなく、おそらく同僚の遊女たちによってつくられたのではないかと推測されているようである。

48　おいらん公園には「遊女の叫び塔」が建っている。実際の公園造成時には「叫び」という表現に抵抗感を覚える住民も少なくなかったが、話し合いを重ね「本当のことを思うと、彼女らは辛かったのだろう、ですから叫びという言葉でよいのではないか」という合意に至った、と今崎氏は語る。

共生はイアーゴの没落か――むすびに代えて

われわれの心性から反共生的心性を取り除けば共生の心性が豊かになるのであろうか。私は、反共生的心性の典型として、シェイクスピアの四大悲劇の1つ『オセロ』（1602）に登場する「イアーゴ」という人物像を挙げたい。イアーゴは、上官であるベネチアの将軍オセロが自分を副官として指名しなかったことに恨みを抱き、復讐のために巧妙な中傷と離間を重ね、オセロ夫妻を破滅に導く極悪人である。イアーゴにけしかけられたオセロは妻の不貞を疑い、彼女を絞め殺し、自ら命を断つ。

イアーゴの反共生的性格の本質については、ドイツの著名な神話作家のミヒャエル・ケールマイアーがシェイクスピアの原作を小説として脚色した『（小説）オセロ』において明快に示す。オセロが自分の妻を殺すように仕向けてから、イアーゴは次のようにつぶやく。〝幸せな人間になるか、それとも没落するか、今晩がその決定の瞬間になるであろう〟。ケールマイアーはこの独白を受けて、イアーゴの行いの本質を次のように突く。

なんだって？　イアーゴが幸せの意味を知っているとでも？　幸せなイアーゴなんて、そもそも言葉として成り立つの？　イアーゴはいつも自分自身について、〝私は私ではない〟と語っていた。従ってイアーゴを説明する言葉はない。あるとしたらイアーゴでないものを説明する言葉のみだ。決してイアーゴでありえないもの、それがいわば幸せというものだ。幸せとは他人を愛せる平穏な心のことだから。しかし、イアーゴが現れる場はすぐに葛藤だらけになる。平和の代わりに紛争と葛藤を引き起こす者。彼は人格ではない。人格の否定ともいえる者だ。つまり幸せの対極にあるのがイアーゴだ。われわれの心からイアーゴを排除すれば、幸せが訪れるのだ。われわれとして考えられるイアーゴの唯一の幸せとは、すなわち彼の没落である。（強調点は引用者）

シェイクスピアの文学に疎い私が、敢えて『オセロ』を共生論議の引き合いにする理由は、オセロがムーア人（Moors。北アフリカ・イベリア半島のイスラム系黒人）であったこと、その意味を省察してみたいからである。序章で述べたように、ヨーロッパの15・16世紀は極端な人間差別が本格的に始まった時期であった。この時期、人間差別を煽った人物には既に紹介した者以外にも多くの著名人がいた。例えば、宗教改革の中心人物であったルター（Martin Luther）は「地球上において悪魔を除き、われわれにとってもっとも凶悪な敵はユダヤ人である」と述べた。[49] またイギリス自由主義の父と呼ばれるロック（John Locke）は、全ての人間は天賦の権利を与えられたという主張で知られるが、一方で、自然権の概念をアメリカ先住民に適用する必要はなく、彼らに自由が保障されないのも当然のことであると主張した。この2人はシェイクスピアを挟んで約80年の前と後の人物である。

そのような時代に、主人公の将軍を黒人として登場させたシェイクスピアの世界観は、同時代のヨーロッパのコンテキストからみれば例外的であった。それはシェイクスピアが活躍したエリザベス女王期

49　ルターの著作『ユダヤ人と彼らの嘘』（1543）は日本語版（歴史修正研究所監訳、雷韻出版、2003）が刊行されている。ルターの主張は、ナチスの宣伝物に大いに利用されたと知られる。

（在位：1558〜1603）が、宗教と芸術、貧困政策など社会全般において寛容の時代であったことと決して無関係ではなかろう。イギリスをヨーロッパの辺境地にある弱小国から世界的強大国に様変わりさせたのもエリザベス治世による。これは、**多様性の受容こそが社会発展をもたらすという歴史の教訓**である。

黒人の将軍が白人の軍人らを率いるという社会の設定は、たとえそれが現実の多様性ではなく、シェイクスピアの想像世界の中での多様性に過ぎなかったとしても、シェイクスピア文学、ひいてはイギリス社会をより豊かにする創造的原動力となっていたと信じたい。『オセロ』は、**共生社会とはすなわち**「イアーゴの没落」であることを省察する貴重な機会を提供してくれるテキストである。

参考文献

青柳まちこ、２００４「楢山節の比較文化考」青柳まちこ編『老いの人類学』世界思想社
浅井春夫、２０１３「平和・人権・福祉―憲法と社会福祉」鈴木勉編『社会福祉―暮らし・平和・人権〈第2版〉』建帛社
穴山徳夫、１９６４『児童福祉法・母子福祉法・母子保健法の解説』時事通信社
アンソニー・B・アトキンソン、２０１６『21世紀の不平等』東洋経済新報社
阿部彩、２０１８「日本版　子どもの剥奪指標の開発」、子ども・若者貧困研究センターWorking Paper
阿部浩之、２０１９「医師労働を考える―感情労働の視点から」『ロバアト・オウエン協会年報』43
アレント・志水速雄訳、１９９４『人間の条件』ちくま学芸文庫
アンガーソン、平岡公一・平岡佐智子訳、１９９９『ジェンダーと家族介護――政府の政策と個人の生活』光生館
石川洋子、２０１１「医療におけるケアの双方向性とsupportというあり方について――メイヤロフのケアの概念から」『応用倫理―理論と実践の架橋』ｖｏｌ・５
石和田稔彦他、２００７「インフルエンザ菌による小児全身感染症罹患状況」『日児誌』111
井手英策、２０１８『幸福の増税論――財政はだれのために』岩波新書
糸賀一雄、１９６５『復刻 この子らを世の光に――近江学園二十年の願い』ＮＨＫ出版
井上ひさし、２０１０『ボローニャ紀行』文春文庫
医療人類学研究会、１９９２『文化現象としての医療』メディカ出版
上田敏、２００２「国際障害分類初版（ＩＣＩＤＨ）から国際生活機能分類（ＩＣＦ）へ――改定の経過・趣旨・内容・特徴」『月刊ノーマライゼーション障害者の福祉』22

上野千鶴子、１９９４『近代家族の成立と終焉』岩波書店
上野千鶴子、２０１１『ケアの社会学』太田出版
臼井久実子、２００８「情報アクセス・コミュニケーション・ケア」上野他編『ケアという思想』、岩波書店
永和里佳子、２０１０『介護ひまなし介護日記』岩波書店
江口聡、２００７「国内の生命倫理学における「パーソン論」の受容」『京都女子大学現代社会研究』10
エスピン-アンデルセン・林昌宏訳、２００８『アンデルセン、福祉を語る』ＮＴＴ出版
ＮＨＫ　Ｅテレ1　大阪、２０１６・10・21『幻聴さんと暮らす――〝べてるの家〟の奥深い世界（1）』
遠藤六郎、２０２２『「この子らを世の光に」と「本人さんはどう思てはるんやろ」』、岡崎英彦生誕１００年記念講演。
大下大圓、２００５『癒し癒されるスピリチュアルケア――医療・福祉・教育に活かす仏教の心』医学書院
岡檀、２０１３『生き心地の良い町――この自殺率の低さには理由がある』講談社
折井美耶子、１９９７「近代日本における老人の扶養と介護」『歴史評論』Ｎｏ・５６５
恩田裕之、２００４「子どもの脳死と臓器移植」『調査と情報』440
柏木哲夫、１９７８『死にゆく人々のケア』医学書院
金子みすゞ、１９８４『わたしと小鳥とすずと』ＪＵＬＡ出版局
加藤達夫他、１９９８「わが国におけるＨｉｂ髄膜炎の発生状況」『小児感染免疫』10
加藤晴美、２００９「大崎下島御手洗における花街の景観と生活」、『歴史地理学野外研究』第13号
加藤晴美、２０２１『遊郭と地域社会――貸座敷・娼妓・遊客の視点から』清文堂
河東田博、２００９『ノーマライゼーション原理とは何か――人権と共生の原理の探求』現代書館
金川めぐみ、２０１２「母子及び寡婦福祉法成立までの歴史的経緯」『経済理論』370号
金谷信子、２０２２『介護サービスと市場原理』大阪大学出版会

柄谷行人、１９８９『意味という病』講談社
ヨハン・ガルトゥング、安斎他訳、２００３『ガルトゥング平和学入門』法律文化社
川島孝一郎、２００８「こんなになってまで生きることの意味」上野他編『ケアという思想』、岩波書店
川本隆史、１９９３「介護・世話・配慮」『現代思想』11月号
川本隆史、２００８『共生から』岩波書店
菅野則子校訂、１９９９『官刻孝義録』（上・中・下）、東京堂出版
北島正元、１９５８『江戸時代』岩波新書
E・F・キテイ、岡野八代他監訳、２０１０『愛の労働――あるいは依存とケアの正義論』白澤社
鬼頭宏、２００２『文明としての江戸システム』講談社
鬼頭宏、２０００『人口から読む日本の歴史』講談社学術文庫
木村吉聡、１９８１「おちょろ船終えん記」『山河』１９８１年12月号
ギャラファー、長瀬修訳、２０１７『ナチスドイツと障害者「安楽死」計画』現代書館
ギリガン、岩男寿美子編訳、１９８６『もうひとつの声』川島書店
ギリガン、川本他訳、２０２２『もうひとつの声で――心理学の理論とケアの倫理』風行社
金仙玉、２０１６「韓国の教育現場における『正当な便宜』の運用実態の考察――『合理的配慮』との違いに着目して」『海外社会保障研究』Ｎｏ・１９３
ケア・コレクティブ、岡野八代他訳、２０２１『ケア宣言――相互依存の政治へ』大月書店
ケールマイアー、ミヒャエル（Michael Köhlmeier）・金ヒサン訳、２０１５「オセロ」『一冊で読むシェイクスピア』作家精神（韓国語）
ケンペル、斎藤信訳、１９７７『江戸参府旅行日記』平凡社

小磯明、2015『イタリアの社会的協同組合』同時代社
河野勝行、1981「障害者観の変遷をめぐるイデオロギー」『科学と思想』42巻
河野勝行、1991『障害者問題の窓から』文理閣
小林照幸、2000『熟年性革命報告』文藝春秋
古笛恵子編、2019『事例解説介護事故における注意義務と責任』〈改訂版〉新日本法規出版
齊藤真善、2018「第11回 日本スピリチュアルケア学会学術大会抄録集」
佐藤久夫、2000『障害者福祉論〈第3版〉』誠信書房
佐藤洋一 他、2016「貧困世帯で暮らす小・中学性の健康状態と家庭の特徴──外来診療での他施設共同調査より」『日児誌』120
品川哲彦、2007『正義と境を接するもの──責任という原理とケアの倫理』ナカニシヤ出版
自民党日本国憲法改正草案Q&A、https://jimin.jp-east-2.storage.api.nifcloud.com/pdf/pamphlet/kenpou_qa.pdf
15年戦争と日本の医学医療研究会編、2015『NO MORE 731──日本軍細菌戦部隊 医学者・医師たちの良心をかけた究明』文理閣
鈴木勉、2001「社会保障と非営利組織──福祉供給における非営利組織の位置と役割を中心に」日本社会保障法学会編『講座・社会保障法』第6巻、法律文化社
鈴木勉、2009「平和・福祉思想としてのノーマライゼーション──生成とその展開」総合社会福祉研究所編『現場がつくる新しい社会福祉』かもがわ出版
鈴木勉、2019「現代社会と障害者問題」鈴木・田中智子編著『新・現代障害者福祉論』法律文化社
鈴木勉・田中智子編著、2019『新・現代障害者福祉論』法律文化社
須永雅博、2016『憲法改正に最低8年かかる国──スウェーデン社会入門』海象社

須田木綿子、2019「民間サービス供給組織の広域化と地方自治体の役割――介護保険制度」『社会政策』第9巻第2号
セイン・木下康仁訳、2009『老人の歴史』東洋書林
瀬口昌久、2011『老年と正義――西洋古代思想からみる老年の哲学』名古屋大学出版会
アマルティア・セン、1999『不平等の再検討――潜在能力と自由』岩波書店
ソウザ・岡美穂子、2021『大航海時代の日本人奴隷――アジア・新大陸・ヨーロッパ』中央公論新社
ラルフ・S・ソレッキ、香原・松本訳、1977『シャニダール洞窟の謎』蒼樹書房
高橋義明、2013「欧州連合における貧困・社会的排除指標の目標数値化とモニタリング」『海外社会保障研究』185
高谷清、1997『はだかのいのち――障害児のこころ、人間のこころ』大月書店
高谷清、2005『異質の光――糸賀一雄の魂と思想』大月書店
高谷清、2011『重い障害を生きるということ』岩波新書
高谷清、2015「障害のある人の生きる喜びと『生命倫理』――人間という存在と『発達保障』」『みんなのねがい』2015年1月臨時号
武内一、2018「外来小児科学会と共に歩んだ歴史を振り返り、社会小児科学の新たな地平の開拓を願う」『日児誌』122
武内一、2022「新連載 子育て世帯生活実情調査から見えてきたこと――第2回子育て世帯生活実情調査――2019年と2021年の比較から」『民医連医療』600
立川昭二、1989『病いの人間史 明治・大正・昭和』新潮社
田中かず子、2008「感情労働としてのケアワーク」上野他編『ケアすること』岩波書店
田中夏子、2004『イタリア社会的経済の地域展開』日本経済評論社
辻村みよ子、2016『憲法と家族』日本加除出版
常石敬一、2022『731部隊全史――石井機関と軍学官産共同体』高文研

デカルト、落合太郎訳、1967『方法叙説』岩波書店
デュルケーム、宮島喬訳、2018『自殺論』中公文庫
寺内順子、2015『基礎から学ぶ国保』日本機関紙出版センター
トラベルビー、長谷川浩・藤枝知子訳、1974『人間対人間の看護』医学書院
トロント、ジョアン、岡野八代訳、2020『ケアするのは誰か？　新しい民主主義のかたちへ』白澤社
内閣府、2019『子供の貧困対策に関する大綱――日本の将来を担う子供たちを誰一人取り残すことがない社会に向けて』
中村元、1981『佛教語大辞典』東京書籍
奈良TV、2016.7.21、カンブリア宮殿「ごちゃまぜの福祉コミュニティ佛子園」
新村拓、2002『痴呆老人の歴史――揺れる老人のかたち』法政大学出版局
西順一郎他、『鹿児島県における小児細菌性髄膜炎と菌血症の全数調査』、平成26年度厚生労働科学研究費補助金 新型インフルエンザ等新興・再興感染症研究事業（新興・再興感染症に対する革新的医薬品等開発推進研究事業）分担研究報告書』
西文彦、2017「親と同居の未婚者の最近の状況」、第69回日本人口学会大会報告資料
西村龍夫他、2008「b型インフルエンザ菌菌血症・髄膜炎の発症」『日児誌』112
日本医療総合研究所編、2022『コロナ禍で見えた保健・医療・介護の今後』新日本出版社
日本医療ソーシャルワーク研究会、2016「生活費としごと――生活費①公的扶助」、医療福祉総合ガイドブップ
日本産婦人科学会周産期遺伝に関する小委員会、2021『NIPT受検者のアンケート調査結果について』第4回NIPT等の出生前検査に関する専門員会参考資料3
ハイデガー、原佑・渡邊二郎訳、2003『存在と時間Ⅱ』中公クラシックス
デヴィッド・ハーヴェイ、渡辺治監訳、2007『新自由主義』作品社
I・ハッキング、伊藤邦武訳、1989『言語は哲学にとってなぜ問題になるか』勁草書房

ロバート・D・パットナム、河田潤一訳、2001『哲学する民主主義――伝統と改革の市民的構造』NTT出版
花村春樹訳・著、1994『「ノーマリゼーションの父」N・E・バンク－ミケルセン――その生涯と思想』ミネルヴァ書房
バーバー、W・J、藤田菜々子訳、2011『グンナー・ミュルダール――ある知識人の生涯』勁草書房
速水融、2003『近世日本の経済社会』、麗澤大学出版会
ハラリ、Y・N・柴田裕之訳、2016『サピエンス全史（上・下）』河出書房新社
パルモア・鈴木研一訳、2002『エイジズム』明石書店
深瀬泰旦、2010『小児科学の史的変遷』思文閣出版
福尾猛市郎、1972『日本家族制度史概説』吉川弘文館
福永憲子、2020「現代社会における医療と宗教的ケアをめぐる研究――医療福祉と仏教の視座から」、佛教大学博士学位論文
藤川幸之助、2013『命が命を生かす瞬間』東本願寺出版
藤木久志、2005『雑兵たちの戦場――中世奴隷狩り』朝日新聞出版
『保育の友』1963・10「〝保育問題をこう考える〟をめぐって（座談会）」7頁
シモーヌ・ボーヴォワール、朝吹三吉訳、2013『老い』（上・下）、人文書院
朴光駿、2004『社会福祉の思想と歴史――魔女裁判から福祉国家の選択まで』ミネルヴァ書房
朴光駿、2012『ブッダの福祉思想――「仏教的」社会福祉の源流を求めて』法藏館
朴光駿・李仁子・呉英蘭、2017a「東アジア高齢者ケア問題と比較研究のための哲学的論議」第13回国際社会保障フォーラム研究報告、（中国）南京大学
朴光駿、2017b「共同体の哲学――相互義務システムとしての共同体」『第1回「東アジアにおけるケアと共生」国際学術会議in北京、報告論文集』中国社会科学院

朴光駿、2018「日本の老人貧困と雇用実態分析」、ノデミョン他編『アジア社会保障制度比較研究――アジア主要国の老人貧困と雇用実態比較研究』韓国保健社会研究院（韓国語）
朴光駿、2020『朝鮮王朝の貧困政策――日中韓比較研究の視点から』明石書店
朴光駿、2022「日韓比較の視点からみた高齢者介護システムと地域包括ケアの課題」協同組合の特徴を活かした地域包括ケア実践の日韓交流シンポジウム、基調講演原稿
母子福祉法案をめぐる国会審議については、http://kokkai.ndl.go.jp/
堀川祐里、2019「戦時期における救貧対策としての母子保護法」『経済学論纂』第59巻第5／6合併号、354頁
ポルトマン、高木正孝訳、1961『人間はどこまで動物か』岩波新書
本田由紀他、2017『国家がなぜ家族に干渉するのか―法案・政策の背後にあるもの』青弓社
毎日新聞取材班、2019「強制不妊、旧優生保護法を問う」毎日新聞出版
前田悦子、2018「高齢者の所得格差と貧困問題」『駿河台経済論集』27-2
牧野英一、1924『最後の一人の生存権』人道社
槇村脩平、2004『介護はしないが遺産はほしい』日本図書刊行会
松嶋健、2014『プシコ・ナウティカ――イタリア精神医療の人類学』世界思想社
三井誠、2005『人類進化の700万年』講談社
三原岳、2020「20年を迎えた介護保険の再考（3）限度額とは何か」ニッセイ基礎研究所
ミノワ、大野朗子他訳、1996『老いの歴史――古代からルネサンスかで』筑摩書房
村岡潔、2000「民間医療のアナトミー」、佐藤純一編『文化現象としての癒し』メディカ出版
村岡潔、2001「病いの利他性に関する一考察――犠牲者非難イデオロギー対代埋苦イデオロギー」『医学哲学・医学倫理』第19号

村岡潔、2004「医師―患者関係における医療的交換について」『佛教大学文学部論集』88号
村岡潔、2010「新遺伝学」佐藤純一・土屋貴志・黒田浩一郎編『先端医療の社会学』世界思想社
村岡潔、2012「生活習慣病」の正体を探る」、井上芳保編著『健康不安路過剰医療の時代』長崎出版
村岡潔、2019「和田心臓移植事件――医療思想指摘一考察」『佛教大学歴史学部論集』9
村岡潔、2020「私秘的世界と公共的世界――クライエントの心身像をめぐって」『佛教大学社会福祉学部論集』16号
村岡潔・山本克司編著、2021『医療・看護に携わる人のための人権・倫理読本』法律文化社
村上貴美子、1987『占領期の福祉政策』勁草書房、201～206頁
村上靖彦、2021『ケアとは何か――看護・福祉で大事なこと』中央公論新社
メイヤロフ・田村真他訳、1987『ケアの本質――生きることの意味』ゆみる出版
森山千賀子、2014「介護者支援のための新たな視座の考察――ケアの論理を手がかりにして」『教育・福祉研究センター研究年報』No19
山口英里他、2017「出生前からの子どもの貧困――周産期の世帯調査から見えてくる貧困世帯の妊産婦・新生児の特徴と生活の状況」『外来小児科』20
山田篤裕・小林江里香・Jersey Liang、2011「なぜ日本の単身高齢女性は貧困に陥りやすいのか」『貧困研究』Vol7
横田一、2012『介護と裁判』岩波書店
吉永純、2019「「半福祉・半就労」と生活保障、生活保護」『社会政策』11
ルース・リスター、松本伊智朗監訳、2011『貧困とはなにか――概念・言説・ポリティクス』明石書店
ローチ、シスタ・M、鈴木智之他訳、1996『アウト・オブ・ケアリング――ケアする存在としての人間』ゆみる出版
若尾典子、1986「『女性の人権』への基本視角」『名古屋大学法政論集』109号
若尾典子、2007「戦後民主主義と憲法24条」全国憲法研究会『憲法問題』18号、86～89

若尾典子、２０１２「女性運動と日本国憲法」森英樹他編『長谷川正安先生追悼論集』日本評論社
若尾典子、２０１７a「自民党改憲草案二十四条の『ねらい』を問う」本田由紀他『国家がなぜ家族に干渉するのか――法案・政策の背後にあるもの』青弓社
若尾典子、２０１７b「子どもの人権としての『保育』――ケアと日本国憲法」佛教大学福祉教育センター紀要、14号、１３３～１５０頁
若尾典子、２０１９「『家族』と日本国憲法――牧野英一の「家族保護」論」、山元一他『憲法の普遍性と歴史性』日本評論社、２５７～２８０頁）、１２２～１５４頁
渡辺治、２００２『憲法改正の争点――資料で読む改憲論の歴史』旬報社
渡邊大門、２０２１『倭寇・人身売買・奴隷の戦国日本史』海声社
Bagni, S. 2014 *From the Welfare State to the Caring State?* 「ACADEMIA」に公開されている論文
Bowles, Samuel, 2016, *The Moral Economy: why good incentives are no substitute for good citizens*, Yale University Press
Brazier, Chris, 2017, GOAL 10 Reduce inequality within and among countries, *Innocenti Report Card 14*, UNICEF Office of Research Florence Italy: 2017: 38-41.
Butler, Robert, 1969 Age-Ism: Another Form of Bigotry, *The Gerontorogis*t,9-4
Christensen, Pia *et al.*, 2002, Working with ethical symmetry in social research, *Childhood 9*
Coote, Anne & Percy, Andrew, 2020, *The Case for Universal Basic Services*, Polity
Engster, Daniel, 2007, *The Heart of Justice: care ethics and political theory*, Oxford University Press
Hamborsky J &, Kroger A *et al., 2015,Epidemiology and Prevention of Vaccine-Preventable Diseases, 13th Edition*, Public Health Foundation
Harris D. K. & Cole W. E. 1980, *Sociology of Aging*, Rowman & Littlefield Publishers

Held, Virginia, 2006 *The Ethics of Care: Personal, Political, and Grobal*, Oxford University Press

Helman, C. G. 2000, *Culture, Health and Illness*（4th Edition）, Butterworth-Heinemann

Hrdy, S. 2009, Meet the Alloparents, *Nature History Magazine*, April 2009

Ishiwata N, Hishiki H, Nagasawa K, *et al.*, 2014, The incidence of pediatric invasive Haemophilus influenzae and pneumococcal disease in Chiba prefecture, Japan before and after the introduction of conjugate vaccines, *Vaccine* 32

Kellett, Mary, 2010, Small shoes, big steps ! Empowering children as active researchers, *American Journal of Community Psychol* 46

Kjellmer,Ingemar & Paediatrica, Acta, 2009, The paediatrician: past, present and future- a conversation with Nils Rosén von Rosenstein, *Paediatrica* 98

Morsink, J. 1999, *The Universal Declaration*, pp. 252-256.

Myrdal, Alva. 1941. *Nation and Family: The Swedish Experiment in Democratic Family and Population Policy*, London: Harper & Brothers.

OECD, *OECD family database*.

OECD, 2017a, Preventing Ageing Unequally

OECD, 2017b, *Pension at a Glance*

OECD, 2021, *Pensions at a Glance*

Oliner, S.& M.1988, *Altruistic Personality: Rescuers of Jews in Nazi Europe*, Touchstone

Reich´ 森岡崇訳´ 1995「ケア」『生命倫理百科事典』Ⅱ´ 丸善

Ruddick, Sara, 1989 *Maternal Politics: Toward a Politics of Peace*, Beacon

Ruddick, Sara, 1998, Care as Labor and Relationship, Halfon M. S & Harber J. C eds, *Norm and Values: Essay on the Work of Virginia Held*, Westview Press

Spencer, Nick et al., 2005, Social Paediatrics, *Journal of Epidemiol Community Health*. 59

Sussman, R. W. *The Myth of Race: the Troubling Persistence of an Unscientific Idea*, Harvard University Press

Takeuchi H, et al., 2022a, Towards optimizing children's capability and tackling relative child poverty in high-income countries: the cases of Japan, Sweden and the UK since 2000, *Global Health Action* 15

Takeuchi H, et al., 2022b, Identifying vulnerable children's stress levels and coping measures during COVID-19 pandemic in Japan: a mixed method study, *BMJ Paediatric Open* 6

Tilly, Louise A. et al., 1992, Child abandonment in European history a symposium, *Journal of Family History* 17

Tronto, Joan 2013 *Caring Democracy: Markets, Equality, and Justice*, New York University Press

UNESCO, 1950, *Statement by Expert on Race Problems*, 1950. 7. 20

UNICEF *Innocenti Report Card 14*, 2014, Children in the Developed World, Building the Future Children and the Sustainable Development Goals in Rich Countries

武内　一（たけうち・はじめ）（第４章）

佛教大学社会福祉学部教授。専門分野は社会小児科学、子どもとともに進める研究。

香川県小豆島生まれ。滋賀医科大学卒業。1983 年耳原総合病院小児科（堺市）、1988 年重症心身障害児施設第一びわこ学園、1989 年デンマーク バンゲデフーセ障害児施設研修、1995 年国保内海病院（小豆島）、1999 年耳原総合病院小児科を経て、2009 年より現職。2017 年度一年間スウェーデン・ウメオ大学医学部疫学とグローバルヘルス学科にて研究生活後、現在客員研究員（教授）。

著書：単著『Hib 感染症と Hib ワクチン』（文光堂、2009）、編集共著『小児の市中感染症診療パーフェクトガイド』（文光堂、2009）など。論文：first author『Towards optimising children's capability and tackling relative child poverty in high-income countries: the cases of Japan, Sweden and the UK since 2000』（Global Health Action、2022）、『Identifying vulnerable children's stress levels and coping measures during COVID-19 pandemic in Japan: a mixed method study』（BMJ PO、2022）など。

鈴木　勉（すずき・つとむ）（第５章）

佛教大学名誉教授。専門分野は福祉政策論および障害者福祉論。

日本福祉大学大学院社会福祉学研究科修了。1983 年より県立広島女子大学の教員を経て、2003 年より佛教大学社会福祉学部教授（～ 2021 年）。

著書に『ノーマライゼーションの理論と政策』（萌文社、1999）、編著書に『青年・成人期障害者の自立・発達・協同』（渓水社、1992）、『社会福祉 ── 暮らし・平和・人権』（建帛社、初版 2008 ／第 2 版 2013）、『新・現代障害者福祉論』（法律文化社、2019）など。

【編著者紹介】

朴　光駿（パク・クワンジュン）（序章・第１章・第６章・終章）

佛教大学社会福祉学部教授。専門分野は社会福祉思想史および東アジア社会政策（史）比較研究。

韓国統営市生まれ。釜山大学卒業。1990 年より新羅大学の教員を経て、2002 年より現職。中国社会科学院訪問学者、（中国）西北大学・（韓国）東国大学客員教授を歴任。

著書は『社会福祉の思想と歴史──魔女裁判から福祉国家の選択まで』（ミネルヴァ書房、2004）、『朝鮮王朝の貧困政策──日中韓比較研究の視点から』（明石書店、2020）、『女子挺身隊──その記憶と真実』（プリワイパリ、2022。韓国語）など。

村岡　潔（むらおか・きよし）（序文・第２章）

岡山商科大学法学部客員教授、内科医、韻士。専攻は、医学概論・医学哲学、医療思想史、BIOPOLITICS。

1949 年、群馬県生まれ。日本医科大学卒業。同大救急医療センター、東京労災病院／北村山公立病院脳外科、大阪大学環境医学基礎系医員、佛教大学教員を経て、2020 年より現職。日本医学哲学・倫理学会、医学史研究会、日本保健医療行動科学会、日本生命倫理学会、日本人工知能学会、所属。

共編著に『ケースブック 医療倫理』（医学書院、2002）、『医療情報』（丸善シリーズ生命倫理学第 16 巻、2013）、『医療・看護に携わる人のための人権・倫理読本』（法律文化社、2021）。共訳に、上海中医学院編『針灸学』（刊々堂出版社、1977）など。

若尾典子（わかお・のりこ）（第３章）

元広島女子大学・佛教大学教授、専門：憲法学、とくに女性・子どもの人権。
著書：『みぢかな女性学』（沖縄タイムス社、1986）、『ジェンダーの憲法学』（家族社、1997）、『わがままの哲学』（学陽書房、1997）、『女性の身体と人権』（学陽書房、2005）、共著：『フェミニズム法学』（明石書店、2004）、共編：『家族データブック』（有斐閣、1997）、共訳：ミッテラウワー他著『ヨーロッパ家族史──家父長制からパートナー関係』（名古屋大学出版会、1993）など。

世界人権問題叢書 118
共生の哲学——誰ひとり取り残さないケアコミュニティをめざして

2023年10月10日　初版第1刷発行

編著者　朴　光駿
村岡　潔
若尾典子
武内　一
鈴木　勉
発行者　大江道雅
発行所　株式会社明石書店
〒101-0021 東京都千代田区外神田6-9-5
電話　03（5818）1171
FAX　03（5818）1174
振替　00100-7-24505
https://www.akashi.co.jp
装　丁　明石書店デザイン室
D T P　レウム・ノビレ
製本・印刷　モリモト印刷株式会社

（定価はカバーに表示してあります）　ISBN978-4-7503-5652-5